ちょっとひといき

日々を愉しむ
おやつと飲みもの

若山曜子

はじめに

子どもの頃、ただいま！ と学校から帰ると祖母がコップに注いでくれたもの。
麦茶にジュース、冷やしあめ、寒くなれば甘酒にココアにホットみかん。
四季折々の飲みものは、ほっと私を癒やしてくれました。

大人になり、家での仕事がメインになると、おなかはすいていなくても
いったん休憩したくなる時があります。
そんな時こそ忙しくても机から離れ、お湯を沸かしたり、果物を切ったり。
祖母がかつてしてくれたように、ゆっくりと自分のために飲みものを作ります。

のどを潤す飲みものとおやつをいただくのは私にとって大切な時間ですが、
それを作るために費やすいくばくかの時間も私にとっては心の休憩。
安らぎのひと時です。

この本では、3年間、テキストの連載で毎月四季を追う飲みものやおやつを作りました。
ぼんやりしていると店頭から消えていってしまう果物や野菜を追いながら、
季節によって体が欲する味も変わることを改めて感じました。

祖母が慈しんだように季節を楽しみながら、飲みものやおやつを作り、
時には友人とゆっくり過ごす時間をもちたい。

子どもの頃は永遠のように長く感じた暑い夏も寒い冬も、
大人になってしまえばほんの一瞬に思えます。
瞬く間に過ぎていく一年一年ですが、だからこそ
四季折々、季節を楽しむお茶の時間を毎日少しでもとれたら。
その積み重ねが人生の幸せなのかもしれないと思います。

若山曜子

contents

はじめに 2

part 1
みんなが好きな おやつと飲みもの

シンプルスコーン 6・8
カレンツスコーン 6・9
レモンシュガースコーン 9

紅茶の愉しみ
■英国式ミルクティー 7・10
■ロイヤルミルクティー 11
■アイスティー 11

キャロットケーキ 12
■にんじんとオレンジのジュース 12
ヨーグルトシフォンケーキ 14
■懐かしのヨーグルトドリンク 14
コーラとパイナップルのマフィン 16
■自家製クラフトコーラ 16
バナナオムレット 18
■バナナのミックスジュース 18
あんバターミニどら焼き 20・22
粒あん 21
■小豆茶 21
ほうじ茶プリン黒みつがけ 24
■自家製ほうじ茶 25
コーヒーゼリー メープルシロップがけ 26
コーヒーゼリー ココナツソルベのせ 26
■レモンコーヒー 26

台湾茶の愉しみ
台湾茶の黒糖ゼリー 28

part 2
旬を愉しむ 季節のおやつ

Spring
キウイのフルーツソース 30
■キウイのヨーグルトラッシー 30
オレンジシロップ 32
■オレンジティー 32
■オレンジクリームソーダ 33
いちごマフィン 34
■いちごのスムージーヨーグルトクリームのせ 34・36
いちごの甘酒マリネ 36
冷凍いちご 36

Early Summer
パンナコッタ チェリーの赤ワイン煮添え 37・39
■大人のチェリーソーダ 37・38
チェリーの赤ワイン煮 38

この本の使い方
・この本で使用している計量カップはカップ1=200㎖、計量スプーンは大さじ1=15㎖、小さじ1=5㎖です。1㎖=1ccです。
・材料表下のエネルギー、塩分は、特にことわりのないかぎり、およその1人分の数値です。時間はおよその調理時間です。
・この本では「米油」を使用していますが、味や香りにくせのない「ごま油〈白〉」や「なたねサラダ油」などの植物油で代用できます。
・電子レンジやオーブン、ハンドミキサーなどの調理器具は、各メーカーの使用説明書などをよくお読みのうえ、正しくお使いください。
・オーブンの温度と焼き時間は、家庭用の電気オーブンでの目安です。機種によって異なりますので、様子を見ながら加減してください。
・オーブンから取り出すときなどは、やけどをしないように、鍋つかみやオーブンミトン、布巾を使ってください。
・材料にはちみつを使うものは、1歳未満の乳児には与えないでください。

Summer

桃のコンポート　40
■桃シェイク　41
まるごと桃のパイ　42
■すいかのフレッシュジュース　44
すいかのグラニテ　44
■すいかとハーブの冷製スープ　44
とうもろこしとズッキーニのケークサレ　46
■とうもろこしの冷製ポタージュ　46

Autumn

ぶどうのチーズケーキ　48
■マスカットのふるふるゼリーソーダ　48・50
さつまいものホットビスケット　51・52
■さつまいもとしょうがの糖水　51・53
焼きいものサンドイッチ　53

Winter

きんかんしょうがシロップ　54
■きんかん茶　54
さつまいもときんかんのきんとん　55

part 3 大人のための夜おやつ

ベルギー風スパイスクッキー　56
■スパイスチャイ　56
■りんごの白いヴァン・ショー　58
■みかんの赤いヴァン・ショー　58
■なつめとしょうがの薬膳茶　60
なつめ茶寒天　60
■紅茶のショコラ・ショー　62
■ホワイトチョコレートのショコラ・ショー　62
■ふわふわ甘酒オレ　63

part 4 思い出のおやつと飲みもの

■ミントティー　64
■ミルクセーキ　66
■抹茶ミルクセーキ　67
■ひやしあめ　68
黒糖しょうがシロップ　69
黒糖しょうがアイスクリーム　68・70
小豆としょうがのアイスクリーム　70
抹茶と練乳のシフォンロールケーキ　71・72
■抹茶グリーンティー　71・73
■杏仁豆漿　74
みかん蒸しパン　76
■ホットみかん　76

part 5 おもてなしにも贈りものにも

コーヒー風味のスクエアケーキ　78・80
■ウインナーコーヒー　79・81
柚子のサワークリームケーキ　82・84
■柚子茶　82
洋梨のアーモンドブラウニー　86
■洋梨ティー　86・93
りんごとアーモンドのタルト　88
■ホットアップルサイダー　88・93
レモンのスノーボールクッキー　90
レモンピール　90・92
■ジンジャーレモネード　90・92
モワルーショコラ　94

Part
1
みんなが好きな
おやつと飲みもの

おいしいおやつと飲みものを用意して、ほっとひといき。
そんな幸せな時間に彩りを添える、とっておきのレシピを紹介します。
どれも何度も何度もつくってきたものばかりです。

スコーンと紅茶

生クリームでつくる、材料を混ぜて焼くだけの気軽なスコーン。
生地は甘さを控えて、ジャムやクロテッドクリームをつけていただきます。
焼きたてを食べられるのは、手づくりだからこそ！
丁寧に淹れた紅茶と一緒に。

英国式
ミルクティー
p.10

シンプルスコーン p.8
カレンツスコーン p.9

シンプルスコーン

粉と生クリームを混ぜるだけのシンプルなスコーン。
サクッ&ホロッの軽やかな焼き上がり！

■ 材料（直径約5cmの型約10コ分）
　薄力粉　200g
　ベーキングパウダー　小さじ1
　きび糖　30g
　生クリーム　160〜200㎖
　レモン汁（またはホエー〈乳清〉）*　小さじ1
　牛乳　適量
　好みのジャム・クロテッドクリーム　各適宜
　●150kcal（1コ分）　●塩分0.1g（1コ分）　●35分

*ヨーグルトの上澄み。

下準備
・天板にオーブン用の紙を敷く。　・オーブンは190℃に温める。

■ つくり方

1 ボウルに薄力粉とベーキングパウダー、きび糖を入れ、泡立て器でよく混ぜる。

2 1に生クリーム（最初に160㎖ほどを加え、混ぜながら様子を見て、足りなければ残りを少しずつ加える）とレモン汁を加えてゴムべらで混ぜ、ざっとひとまとめにする。

3 オーブン用の紙の上に取り出し、紙ごと生地を数回折りたたんで四角形にまとめる。ベタつくようなら薄力粉少々（分量外）を表面にふる。

4

麺棒で約2cm厚さにのばし型で抜く。残った生地は再び折りたたんでまとめ同様に型で抜く。**生地は薄くのばしすぎると、焼いたときに十分な高さが出ないので注意。**

5

天板に並べ表面にはけで牛乳を塗り、190℃のオーブンで15〜20分間焼く。好みでジャムやクロテッドクリームをつけて食べる。

レモンシュガースコーンにする場合

グラニュー糖40gにレモンの皮（すりおろす）½コ分を混ぜる。つくり方**5**で、牛乳を塗った表面にまぶして同様に焼く。

アレンジ ❶

カレンツスコーン

レーズンよりも粒が小さく、控えめな甘さの干しぶどうカレンツを加えて。

■ カレンツ大さじ2をサッと湯通しする。つくり方**1**で、粉類を混ぜ、カレンツを加えてざっと混ぜる。あとは同様につくる。

●160kcal（1コ分）　●塩分0.1g（1コ分）　●30分

アレンジ ❷

レモンシュガースコーン

ほどよい甘さとレモンの風味で、上品な味わいに。表面にまぶしたレモンシュガーの舌ざわりも◎。

●170kcal（1コ分）　●塩分0.1g（1コ分）　●30分

■ 紅茶の愉しみ

産地の名がそのまま銘柄とされることも多い紅茶。
ストレートで飲むときは、
ダージリンやキームン、アールグレイの茶葉が、
ミルクティーにするときは、
アッサムやセイロンの茶葉がおすすめです。

英国式ミルクティー

ミルクをたっぷり加えて飲むときは、
CTC製法の茶葉を使うと、
よりしっかりとした味わいになり、コクが出ます。
量は、ティースプーンに「人数＋1」杯分が目安。

■ 材料（2人分）とつくり方
ティーポットに紅茶の茶葉ティースプーン3杯分（約6g）を入れ、熱湯カップ2を注いで3〜4分間おく。ティーカップに常温に戻した牛乳カップ1/4を等分に入れ、紅茶を注ぐ。

● 20kcal　● 塩分0g　● 5分＊

＊牛乳を常温に戻す時間は除く。

CTC製法とは

CTC＝「Crush（つぶす）」「Tear（裂く）」「Curl（丸める）」の頭文字をとったもの。紅茶の葉を機械でつぶし、引き裂くように細かくしてから小さく丸めて成形する。CTC製法の茶葉（写真左）は、葉の形が残っている茶葉（写真右）と比べて茶葉の表面積が増えるため、短時間でしっかりと味が出る。

日本でも海外でも、かわいいティーポットがあるとついつい買ってしまいます。

こんな淹れ方も
ロイヤルミルクティー

はじめに水で濃く煮出してから、
たっぷりの牛乳を加えるのがポイント。
苦みのある茶葉でもおいしく淹れられ、
英国式ミルクティーよりさらにコクが出ます。

■ 材料（2人分）とつくり方
　小鍋に水カップ½と紅茶の茶葉ティースプーン2杯分（約4g）を入れ、中火にかける。沸騰したら牛乳カップ1、好みではちみつ適宜を加え、沸騰直前まで温める。

● 60kcal　● 塩分0.1g　● 5分

アイスティー

透き通ったきれいなアイスティーをつくるには、
たっぷりの氷で急速に冷やすのがポイントです。

■ 材料（2人分）とつくり方
　ティーポットに紅茶の茶葉ティースプーン山盛り1杯分（3～4g）を入れ、熱湯カップ1を注いで2分間おき、濃いめに紅茶を淹れる。氷150gを入れたピッチャーに、茶こしでこしながら注ぎ、急速に冷やす。

にんじんと
オレンジのジュース

にんじんは、オレンジジュースと合わせると、すっきり爽やかに。りんごジュースと合わせると、やさしい味わい。

■ 材料（2〜3人分）とつくり方
にんじん200gは大きめに切り、オレンジ果汁（またはオレンジジュース）カップ2、きび糖大さじ1とミキサーに入れ、なめらかになるまでかくはんする。

● 100kcal　● 塩分0.1g　● 5分

キャロットケーキ

にんじん入りのしっとりとした生地にスパイスの風味がよくなじみます。
軽い食べ心地で、ヘルシーなおやつタイムに。

■ 材料（直径12cmの丸型1台分）
にんじん　（小）1本（正味100g）
卵　1コ
ブラウンシュガー（またはきび糖）　35g
米油　大さじ5
A ┃ 薄力粉　80g
　┃ ベーキングパウダー　小さじ½
　┃ 重曹　小さじ¼
　┃ スパイス*
　┃ 　シナモンパウダー　小さじ1
　┃ 　ナツメグパウダー・カルダモンパウダー
　┃ 　　各小さじ¼

くるみ（ロースト／粗く刻む）　15g
レーズン　20g
フロスティング
　┃ クリームチーズ　50g
　┃ バター（食塩不使用）　30g
　┃ 粉砂糖　大さじ1
くるみ（ロースト／飾り用）　適量

◉1710kcal（全量）　◉塩分1.0g（全量）　◉50分**

*合わせて小さじ1½になれば、好みのものでよい。
**粗熱を取る時間は除く。

下準備
・型にオーブン用の紙を敷く。
・オーブンは180℃に温める。

■ つくり方

1. にんじんはチーズおろし器などで粗いせん切りにする（写真**a**）。
   「しりしり」のように粗いせん切りにすると、水分が出すぎず、ふんわりと軽い食感になる。

2. ボウルに卵とブラウンシュガーを入れ泡立て器でよく混ぜる。米油を少しずつ加え（写真**b**）、モッタリするまで混ぜる。

3. **A**を合わせてふるい入れ、ゴムべらでサックリと混ぜる。粉っぽさが少し残っている状態で、**1**のにんじんを加えてサックリと混ぜ（写真**c**）、くるみとレーズンも加えて混ぜる。
   ベーキングパウダーと重曹の両方を使うことで、生地がしっかりふくらみ、香ばしい焼き上がりに。

4. 型に入れ、180℃のオーブンで15分間焼く。170℃に温度を下げてさらに15分間焼き、中央に竹串を刺して生地がついてこなければ紙ごと型から外して網にのせ、粗熱を取る。

5. クリームチーズとバターを耐熱ボウルに入れ、電子レンジ（600W）に40秒間ほどかけて柔らかくする。粉砂糖を加え、なめらかになるまで混ぜ合わせる。**4**に塗って飾り用のくるみをのせ、シナモンパウダー少々（分量外）をふる。

懐かしのヨーグルトドリンク

爽やかさ×まろやかさのバランスが絶妙。
東京・南青山のケーキ屋さんで
気に入って教わった、思い出の味です。

■ 材料（2人分）とつくり方
乳酸菌飲料（希釈用）大さじ4、プレーンヨーグルト（無糖）50g、牛乳カップ1〜1¼をよく混ぜ合わせ、グラスに注ぐ。

● 150kcal ● 塩分0.1g ● 3分

ヨーグルトシフォンケーキ

バットで気軽につくるシフォンケーキは、生地にもクリームにもヨーグルトを使いました。
ホエーを生地に加えることで、フワフワの軽やかな焼き上がりに。

■ 材料（20×16.5×高さ3cmのオーブン対応のバット1台分）
 プレーンヨーグルト（無糖）　100g
 生地用
  ｜卵　2コ
  ｜グラニュー糖　40g
  ｜米油　大さじ2
  ｜薄力粉　45g
 ヨーグルトクリーム用
  ｜生クリーム　カップ1/2
  ｜グラニュー糖　小さじ2
  ｜はちみつ　小さじ1
 好みのフルーツ*・ミントの葉　各適量

◉ 1330kcal（全量）　◉ 塩分0.6g（全量）　◉ 30分**

*ここではマンゴー（冷凍）、グレープフルーツ（ルビー）、ブルーベリーを使用。大きいものは食べやすく切る。
**生地を冷ます時間は除く。

下準備
・ボウルにざるを重ね、紙タオルを敷いてヨーグルトを入れる。冷蔵庫に2時間ほどおき、水きりヨーグルト（約50gになる）とホエー（乳清）に分ける。
・卵は卵黄と卵白に分ける。
・オーブンは190℃に温める。

■ つくり方

1. 生地をつくる。ボウルに卵黄とグラニュー糖大さじ1を入れ、米油を少しずつ加えながら泡立て器でよく混ぜる。ホエー大さじ2を加えて混ぜ、薄力粉をふるいながら加えて混ぜる。

2. 別のボウルに卵白を入れ、ハンドミキサーで泡立てる。白っぽくなってきたら残りのグラニュー糖を少しずつ加え、ピンとツノが立つまで泡立てる。半量を1に加えて泡立て器でよく混ぜ、残りも加えてゴムべらでサックリと混ぜる（写真a）。

3. オーブン用の紙を敷いたバットに流し入れて表面をならし（写真b）、190℃のオーブンで10〜12分間焼く。紙ごとバットから取り出し、網などにのせて冷ます。

4. ヨーグルトクリームをつくる。水きりヨーグルト50gをボウルに入れ、グラニュー糖とはちみつを加えて泡立て器でよく混ぜる。冷たい生クリームを少しずつ加え（写真c）、ツノが立つくらいまで泡立てる。

5. 3の生地の紙を外し、4のクリームをスプーンなどで塗る。好みのフルーツ、ミントの葉をあしらう。

コーラとパイナップルのマフィン

シュワシュワのコーラでつくる、アメリカンなマフィンをご紹介！
焼く間に炭酸は抜けてしまいますが、生地はふっくら、ほんのりカラメルフレーバーに。
パイナップルはプルーンにかえてもよいでしょう。

自家製クラフトコーラ

好みのスパイスでつくれる、自家製のクラフトコーラ。
飲むときは炭酸水で好みの濃さに割って。

■ 材料（つくりやすい分量）
　カラメル
　　│グラニュー糖　30g
　　│水　小さじ1½
　レモン　½コ
　グラニュー糖　150g
　しょうが（薄切り）　½かけ分
　シナモンスティック　1本
　カルダモン（粒）　5粒
　クローブ（粒）　2〜3粒
　バニラシュガー（またはバニラエッセンス）　少々
　炭酸水　適量

● 710kcal（全量）　● 塩分0g（全量）　● 15分*

*冷ます時間は除く。

■ つくり方

1. 小鍋にカラメルの材料を入れてなじませ、強火にかける。全体が濃いしょうゆ色になるまで加熱し、火を止める（写真）。湯カップ½を加え、中火にかける。
   ▶白い煙が立つことがある。また、鍋底でカラメルが固まることがあるが、火を止めてから、湯を加えると溶ける。

2. レモンは果汁を1に搾り入れてから、皮ごと加える。炭酸水以外の残りの材料を加え、2〜3分間煮詰めて冷ます。飲むときは3〜4倍量の炭酸水で割る。

保存：冷蔵庫で2週間（一晩おいたらレモンは除く）。

■ 材料（直径約7cmのマフィン型6コ分）
　コーラ*　75㎖
　パイナップル（1cm角に切る）　40g
　バター（食塩不使用）・ブラウンシュガー
　　各60g
　溶き卵　1コ分
　A│薄力粉　150g
　　│重曹　小さじ¼
　シロップ
　　│コーラ*　大さじ1
　アイシング
　　│粉砂糖　30g
　　│コーラ*　小さじ1
　　│レモン汁（あれば）　少々
　好みのトッピング**　適量

● 260kcal（1コ分）　● 塩分0.1g（1コ分）　● 30分***

*市販。または自家製クラフトコーラ（上記参照）：炭酸水
　＝1：3の割合で割ったもの。
**ここでは市販のコーラ味のグミやチョコレートを使用。
***粗熱を取る時間は除く。

下準備

・バターは常温に戻す。
・型に耐油・耐熱の紙カップを敷く。
・オーブンは190℃に温める。

■ つくり方

1. ボウルにバターとブラウンシュガーを入れ、泡立て器でよく混ぜる。溶き卵を少しずつ加えて混ぜる。Aを合わせて半量をふるい入れ、ゴムべらでサックリと混ぜる。コーラを加えてざっと混ぜる。

2. 残りのAをふるい入れてざっと混ぜ、少し粉っぽさがなくなったらパイナップルを加えて、しっかりと混ぜる。

3. 紙カップに等分に入れ（写真）、190℃のオーブンで15〜20分間焼く。竹串を刺して生地がつかなければ焼き上がり。粗熱を取り、表面にシロップ用のコーラをはけで塗る。

4. アイシングをつくる。粉砂糖にコーラ、レモン汁を少しずつ加え、スプーンでたらすとようやく落ちるくらいの堅さに調節する。3にかけ、好みのトッピングをあしらう。

バナナのミックスジュース

ふんわりとした飲み心地が幸せ。
バナナに缶詰のフルーツをプラスすると、
どこか懐かしいおいしさに。
みかんを黄桃にかえても、おいしくつくれます。

■ **材料（2〜3人分）とつくり方**
バナナ2本、みかん（缶詰のシロップ煮／缶汁ごと）1缶、牛乳カップ1をミキサーに入れ、なめらかになるまでかくはんし、氷適量を入れたグラスに注ぐ。

◉140kcal　◉塩分0.1g　◉5分

バナナオムレット

しっかりとした甘さがあるバナナをはさんだ気軽なおやつ。
はちみつを入れると、しっとり&モチッとした生地になります。

■ 材料（4コ分）
バナナ　1本
レモン汁　少々
卵　1コ
A│はちみつ　小さじ1
　│米油　大さじ1
　│牛乳　大さじ1½
薄力粉　40g

グラニュー糖　20g
ホイップクリーム
│生クリーム　カップ½
│砂糖　大さじ½

●240kcal（1コ分）　●塩分0.1g（1コ分）　●30分*
*粗熱を取る時間、冷蔵庫におく時間は除く。

下準備
・卵は卵黄と卵白に分ける。
・天板にオーブン用の紙を敷く。
・オーブンは180℃に温める。

■ つくり方

1. 生地をつくる。ボウルに卵黄を溶き、**A**を順に加えてそのつど泡立て器でよく混ぜる。薄力粉をふるい入れてサッと混ぜる。

2. 別のボウルに卵白を入れ、ハンドミキサーで泡立てる。白っぽくなってきたらグラニュー糖を少しずつ加え、ピンとツノが立つまで泡立てる。

3. **1**に**2**の⅓量を加え、泡立て器でしっかりと混ぜる。残りの**2**を加え、ゴムべらに持ちかえてサックリと混ぜる。

4. 生地を4等分にして天板にのせ、スプーンで直径10cmほどの均一な厚さの円形に広げる（写真**a**）。180℃のオーブンで7〜8分間焼く。

5. 生地が熱いうちにオーブン用の紙からそっと外し（やけどに注意）、麺棒などにのせてやさしく押さえ、カーブをつけながら粗熱を取る（写真**b**）。バナナは飾り用に薄切り12枚を切り分けてレモン汁であえ、残りを縦横2等分ずつに切る。

6. ボウルにホイップクリームの材料を入れ、泡立て器で八分立てにして絞り出し袋に入れる。**5**の生地1枚にホイップクリーム少々を絞り、バナナ1切れをのせ（写真**c**）、ホイップクリームを絞る（写真**d**）。飾り用のバナナ3枚をのせる。残りも同様にし、ラップに包んで冷蔵庫に15分間ほどおく。

あんバターミニどら焼き

手のひらよりも小さなどら焼きに、ちょこんとバターをのせて、パクリ！
口の中にふんわりと幸せな味が広がります。

粒あん

ツヤツヤの自家製粒あんなら、小豆のおいしさをより一層感じられます。

■ 材料（つくりやすい分量／約320gできる）
　小豆　100g
　きび糖　100g
　●塩

●690kcal（全量）　●塩分1.0g（全量）　●2時間10分

■ つくり方
1. 小豆はサッと洗って水けをきり、小豆茶をつくる場合は水けを拭いてフライパン（空だきしてよいもの）に入れ、中火にかけて1分間ほど煎る（写真a／小豆茶をつくらない場合は煎らなくてよい）。
2. 鍋に移して水1ℓを加え、中火にかけて20〜30分間、煮汁が少し濁ってくるまで煮る。ボウルに重ねたざるにあけ、煮汁（小豆茶／下記参照）と小豆に分ける。
3. 鍋に小豆を戻し、かぶるくらいの水を加える。ふたを少しずらしてのせ、弱火で1時間ほど柔らかくなるまで煮る。常に小豆に湯がかぶっているように適宜水を足す。
4. 好みの柔らかさになったらふたを取り、きび糖、塩1つまみを加えて30分間ほど煮る。冷めるまでに水分が少しとぶので、ややゆるい状態で火を止める（写真b）。

　保存：保存容器に入れ、冷蔵庫で約1週間。

小豆茶

鉄分やポリフェノール、カリウムなど、
うれしい栄養素を多く含む小豆。
煮汁にも栄養がたっぷりと含まれています。

■ つくり方
　「粒あん」（上記参照）のつくり方2でできた煮汁を茶こしでこす。きび糖などを加え、好みの甘さに調整する。

あんバターミニどら焼き

しっとり生地は白玉粉を加えるのが秘けつ。あんバターをお好みの量はさんで。
できたてはもちろん、ふわりと紙で包んで手土産にしても喜ばれます。

■ 材料（7〜8コ分）
　粒あん（p.21参照）　70〜120g
　バター（有塩のもの）　20〜40g
　白玉粉　30g
　A｜卵　1コ
　　　｜上白糖（またはきび糖）　30g
　　　｜はちみつ（または水あめ）　小さじ1
　B｜薄力粉　50g
　　　｜ベーキングパウダー　小さじ1/2
●米油

●110kcal（1コ分）　●塩分0.2g（1コ分）　●20分*

＊粗熱を取る時間は除く。

■ つくり方

1. ボウルに白玉粉と水カップ1/8を入れ、泡立て器でダマがなくなるまで混ぜる。**A**を順に加え、そのつどしっかりと混ぜる。**B**をふるい入れ、サックリと混ぜる。

2. フライパンに米油を薄く塗って余分な油を拭き取り、中火にかける。1の生地を大さじ1ずつ流し入れ、そのつどスプーンで直径5〜6cmの円形に整える。

3. 生地の表面に穴があいてきたら上下を返す（写真）。さらに20秒間ほど焼いて取り出し、全部で14〜16枚焼いて粗熱を取る。

4. 生地1枚に粒あん10〜15g、バター3〜5gをのせ、もう1枚の生地ではさむ。残りも同様につくる。

ほうじ茶プリン黒みつがけ

ほうじ茶のやさしい風味が感じられる、なめらかプリン。
カラメルのかわりに、濃厚な黒みつをかけてどうぞ。
メープルシロップをかけてもおいしいですよ。

■ 材料（高さ3.5cm、容量150mlの器4コ分）
ほうじ茶の茶葉（軽く砕く）＊　4g
卵　3コ
グラニュー糖　60g
牛乳　カップ1¾
生クリーム　カップ¼

黒みつ
黒砂糖（粉末）　50g
はちみつ　小さじ1
水　カップ½

● 270kcal（1コ分）　● 塩分0.3g（1コ分）　● 40分＊＊

＊ティーバッグの茶葉（細かいもの）を使う場合は砕かず、袋から出して煮出す。
＊＊冷ます時間、冷蔵庫で冷やす時間は除く。

下準備　・卵は常温に戻す。

■ つくり方

1. ボウルに卵を割り入れ、泡立て器で卵白を切るようにほぐす。グラニュー糖を加えてよく混ぜる。

2. 小鍋に水カップ¼、ほうじ茶の茶葉を入れ、強めの中火にかけて沸騰させる。香りがたったら牛乳、生クリームを加え（写真**a**）、沸騰直前まで温めて火を止める。茶こしでこしながら**1**のボウルに加えてよく混ぜる。

3. 茶こしでこしながら、耐熱の器に等分に流し入れる。表面に浮いた泡が気になるときは、スプーンですくって取り除く。

4. 深めのフライパンに紙タオルを敷き（はみ出さないように注意）、**3**の器を並べる。フライパンに40〜50℃の湯を2cm深さまで入れ、布巾で包んだふたをする（写真**b**）。中火にかけ、沸騰したらごく弱火にして動かさずに20〜30分間蒸す。ふたを開け、器を少し揺すって固まっていれば蒸し上がり。そのまま冷まし、冷蔵庫で2時間以上冷やす。

5. 黒みつをつくる。小鍋に黒砂糖、水を入れて中火にかける。沸騰したら火を弱め、トロリとするまで5分間ほど煮詰める（写真**c**）。はちみつを加えて混ぜ、冷ます。食べる直前に**4**にかける。

自家製ほうじ茶

ちょっと風味が落ちた煎茶が残っている。
そんなときは、茶葉を煎って「自家製」のほうじ茶に。
部屋いっぱいにお茶の香ばしさが広がります。

■ つくり方
フライパン（空だきしてよいもの）や、ほうじ器に煎茶の茶葉15gを入れる。弱めの中火で1〜2分間、揺すりながら煎る。少し煙が立ち、香りが出てきたら火を止め、よく混ぜる。

70mlを静かに加え、レモンの輪切り1枚をのせる。

● 170kcal　● 塩分0g　● 5分

26

コーヒーゼリー メープルシロップがけ

ほろ苦いコーヒーゼリーと、風味豊かな
メープルシロップで、大人のごほうびおやつに。

■ 材料（容量150mlの器2～3コ分）
　コーヒー（濃いめ／熱いもの）*　カップ1 1/2
　粉ゼラチン　5g
　グラニュー糖　30g
　ホイップクリーム
　　｜生クリーム　カップ1/2
　　｜グラニュー糖　約小さじ1
　メープルシロップ　適量

●210kcal（1コ分）　●塩分0g（1コ分）　●15分**

*粉から淹れる場合、コーヒーの粉（深煎り／中びき）25gに熱湯カップ1 1/2が目安。
**粗熱を取る時間、冷やし固める時間は除く。

■ つくり方
1. 粉ゼラチンは水大さじ1 1/2にふり入れてふやかす。
2. コーヒーは、熱いうちにグラニュー糖と1のゼラチンを加えて溶かす。耐熱の器に等分に注いで粗熱を取り、冷蔵庫で3時間以上冷やし固める。
3. ホイップクリームをつくる。ボウルに材料を入れてハンドミキサーで泡立てる。2にのせ、メープルシロップをかける。

コーヒーゼリー ココナツソルベのせ

夏におすすめ。ゼリーのぷるんとした食感に、
甘い香りのココナツソルベで
シャリシャリ感をプラス。

■ 材料（つくりやすい分量）
　ココナツクリーム（市販）*　100g
　牛乳　大さじ4
　コンデンスミルク（加糖練乳）　大さじ2
　きび糖　小さじ1
　コーヒーの粉　適宜

●330kcal（全量）　●塩分0.1g（全量）　●5分**

*ココナツミルクでもよい。ココナツクリームのほうが、こってり濃厚な仕上がりになる。
**冷やし固める時間は除く。

■ つくり方
バットなどにコーヒーの粉以外の材料を混ぜ合わせ、冷凍庫で3時間以上冷やし固める。フォークで削るか、ミキサー（氷対応のもの）で柔らかくする。コーヒーゼリー（左記参照／分量外）にのせ、好みでコーヒーの粉をあしらう。

■ 台湾茶の愉しみ

家族の駐在がきっかけで、よく訪れた台湾。スイーツだけでなく、「台湾茶」も日常的に楽しんでいます。台湾茶にはさまざまな種類があり、どれも自然な香りでリラックスできます。

▼茶葉は友人から、台湾に限らず上海、香港のお土産でもらうこともあります。右下の「小青柑（シャオチンガン）」と書いてあるものは、青いみかんの中身を取り出してプーアル茶の茶葉を詰め、丸ごと乾燥させたもの！ 見た目もユニークですよね。

▲わが家の茶器いろいろ。高価なものはないけれど、気に入ったものに出合うと買い集めています。うっかりな私は、急須のふたを割りがちなのですが、金継ぎで直してもらったものを気に入って、そのまま使っています。これはこれで味があると思いませんか？

▲熱いお茶を楽しむときは、茶器をお湯で温めておくのが正統派。茶葉を入れた茶壺（チャフー＝急須）に熱湯を注いだら、ふたをした上からも熱湯を注いで全体を温めます。と、言いつつ、私もふだんは蓋碗（ガイワン＝ふた付きの湯のみ）で気軽にいただくことが多いです。

台湾茶の黒糖ゼリー

すっきりと香りのよい台湾茶でつくる、
上品な味わいのゼリー。
黒砂糖とホイップクリームが絶妙な相性です。

■ 材料（2人分）
　台湾茶（温かいもの）*　カップ3/4
　黒砂糖（塊の場合は砕く／またはきび糖）　30g
　粉ゼラチン　5g
　黒みつシロップ（つくりやすい分量）
　　水　70g
　　黒砂糖　50g
　　はちみつ　小さじ2
　ホイップクリーム　適宜
　◉90kcal　◉塩分0g　◉5分**

＊茶葉は約5gを目安に、種類に合った淹れ方で淹れる。ここでは東方美人の茶葉を使用。プーアル茶や黒ウーロン茶もおすすめ。
＊＊粉ゼラチンをふやかす時間、ゼリーを冷やし固める時間は除く。

■ つくり方
1. 粉ゼラチンは水大さじ1½にふり入れてふやかす。台湾茶に黒砂糖とふやかしたゼラチンを混ぜて溶かし、器やバットなどに入れて冷蔵庫で3時間以上冷やし固める。
2. 黒みつシロップの材料は小鍋に入れ、中火にかけて耐熱のへらで混ぜながら黒砂糖を溶かす。
3. 1のゼリーを器に盛り、好みでホイップクリームを添え、2の黒みつシロップ適量をかける。

「台湾茶のなかでも私が好きなのは「梨山（りさん）茶」。山の多い台湾の、特に標高の高いところでつくられていて、やさしい甘みがあります。台湾茶は、お湯の温度を気にせず、熱湯で淹れられるのも気が楽で（笑）。キンモクセイの花を合わせたものや、お湯の中で茶葉が花のように開くものなど、バリエーションも豊富です。よく行く台北のお茶屋さんのご主人は、「台湾茶は経済的！」が口ぐせ。少量の茶葉で何回も淹れて楽しめますし、水出しで一晩おいてもたっぷりと出て渋みもない。専用の茶器がなくても大丈夫なので、おうちの急須やカップで楽しんでみてください。

Part 2 旬を愉しむ季節のおやつ

その時季だけの甘くてみずみずしい果物は、
そのまま食べるのはもちろん、
おやつやドリンクにしても、またおいしい！
心ときめくスイーツをどうぞ。

Spring ― キウイ

キウイのフルーツソース

キウイは生のままソースにして、鮮やかな色とつぶつぶ食感を生かします。
ヨーグルトやパンケーキにかけたり、凍らせてジェラートにしても。

■ 材料 (つくりやすい分量)
キウイ　2コ (200g)
シロップ
　｜グラニュー糖　50g
　｜水　大さじ2

● 280kcal (全量)
● 塩分0g (全量)
● 10分*

*粗熱を取る時間は除く。

■ つくり方
1. シロップをつくる。グラニュー糖と水を小鍋に入れて混ぜる。中火にかけ、グラニュー糖が溶けたら火を止めて粗熱を取る。
2. キウイは皮をむいて一口大に切り、ミキサーにかける。甘さをみながらシロップを加えて混ぜる。

キューブ状に凍らせれば、フルーツ氷に。ソーダに浮かべても。

保存：清潔な保存容器に入れて冷蔵庫で2〜3日間、冷凍用保存袋に入れて冷凍庫で2週間。

キウイのヨーグルトラッシー

緑と白のコントラストが爽やかな、春らしいドリンク。
キウイの香りと酸味でリフレッシュ！

■ 材料 (1人分)
キウイのフルーツソース (上記参照)　大さじ5 (80g)
プレーンヨーグルト (無糖)　カップ1/2 (100g)
牛乳　60mℓ
ミントの葉　適宜

● 180kcal　● 塩分0.2g　● 5分

■ つくり方
1. ヨーグルトと牛乳、水60mℓを混ぜる。
2. グラスにキウイのフルーツソースと氷適量を入れ、1を氷にかけるように上から静かに注ぐ。好みでミントをあしらう。

Spring
オレンジ

オレンジシロップ

酸味が強すぎたり熟しすぎたオレンジは、少量でもつくれる華やかなシロップに。
炭酸水で割ったり、紅茶にたらしたり。豚肉料理の隠し味にも使えます。
国産のかんきつ類が出回る季節にぜひ。

■ 材料（つくりやすい分量）
　オレンジ果汁　1コ分（110㎖）
　オレンジの皮（すりおろす）　少々
　グラニュー糖・はちみつ　各大さじ1

● 180kcal（全量）　● 塩分0g（全量）　● 5分

■ つくり方
　小さめの鍋にオレンジ果汁、オレンジの皮、グラニュー糖、はちみつを入れて中火にかけ、ひと煮立ちさせて火を止める。

保存：冷めてから清潔な保存容器に入れ、冷蔵庫で約1週間。

オレンジティー

温かい紅茶にオレンジシロップをたらせば、やさしい甘さに、ほっ。
茶葉はアールグレイがおすすめ。

■ 材料（2人分）とつくり方
　ティーポットに紅茶の茶葉ティースプーン3杯分（約6g）を入れ、熱湯カップ1½を注いで3分間ほどおく。ティーカップに注ぎ、オレンジシロップ（上記参照）大さじ3〜4を等分にたらし、スライスしたオレンジを浮かべる。

オレンジクリームソーダ

憧れのクリームソーダも、果物のシロップがあれば簡単にできます。
魅惑のグラデーションにワクワク。

■ 材料（1人分）
　オレンジシロップ（p.32参照）　大さじ2〜3
　炭酸水　150ml
　バニラアイスクリーム　適量
　オレンジ（輪切り）　適宜

●90kcal　●塩分0.1g　●5分

■ つくり方
グラスにオレンジシロップと好みで氷適量を入れ、炭酸水を注ぐ。バニラアイスクリームをのせ、好みでオレンジをあしらう。

Spring
いちご

いちごのスムージー
ヨーグルトクリーム
のせ p.36

いちごマフィン

フレッシュないちごをそのまま生地にのせて焼けば、
赤い見た目もかわいくて、
トロッとした口当たりと甘酸っぱい風味が楽しめます。

■ 材料（直径約7cmのマフィン型5〜6コ分）
いちご（縦半分に切る）　150g
バター（食塩不使用）　60g
グラニュー糖　80g*
溶き卵　1コ分
レモンの皮（すりおろす）　少々
A｜薄力粉　140g
　｜ベーキングパウダー　小さじ1⅓
B｜牛乳　60mℓ
　｜レモン汁　大さじ1

● 230kcal（1コ分）　● 塩分0.2g（1コ分）　● 35分

*グラニュー糖70gとはちみつ小さじ1にすると、より
しっとりとした仕上がりに。

下準備
・バターと卵は常温に戻す。
・型に耐油・耐熱の紙カップを敷く。
・オーブンは190℃に温める。

1

ボウルにバターとグラニュー糖を入れ、泡立て器ですり混ぜる。溶き卵を3〜4回に分けて少しずつ加え、そのつどよく混ぜる。

2

Aの⅓量をふるい入れ、ゴムべらでサックリと混ぜる。混ぜ合わせた**B**を加えて混ぜる。

3

残りの**A**をふるい入れ、粉っぽさがなくなるまで切るようにサックリと混ぜる。
粉の分量が多いマフィンは、2回に分けて粉を加えるのが基本。間に液体を混ぜることで、より混ざりやすくなる。

4

レモンの皮、いちごの半量を加えて混ぜ、紙カップに等分に8〜9分目まで入れる。残りのいちごをのせ、190℃のオーブンで20〜25分間、きつね色になるまで焼く。竹串を刺し、生地がついてこなければ焼き上がり。

Spring — いちご

いちごのスムージー ヨーグルトクリームのせ

甘いいちごと、さっぱりとした
ヨーグルトクリームが相性抜群！

■ 材料（2人分）
　冷凍いちご（下記参照）＊　250g
　ヨーグルトクリーム（つくりやすい分量）
　　生クリーム　カップ1/2
　　砂糖　大さじ1/2
　　プレーンヨーグルト（無糖）　20g
　　はちみつ　小さじ1

● 290kcal　● 塩分0.1g　● 10分
＊ミキサーが回りにくければ、少しおいて半解凍にする。

■ つくり方
1. ミキサー（氷対応のもの）に冷凍いちごと水カップ1/2を入れ、なめらかになるまでかくはんする。甘さをみて砂糖適宜（分量外）で調え、グラスに注ぐ。

2. ヨーグルトクリームをつくる。ボウルに生クリームと砂糖を入れて底を氷水に当て、泡立て器で八分立てにする。ヨーグルトとはちみつを加えてサッと混ぜ、**1**にのせる。

いちごの甘酒マリネ

甘酒をまとったフルーツは柔らかくなって、
さらにおいしく、食べやすく。

■ 材料（2〜3人分）とつくり方
　いちご100g＊はヘタを除いて好みの大きさに切り、甘酒（米こうじでつくったもの／濃縮タイプ）カップ1であえる。冷蔵庫に数時間〜一晩おく。

● 120kcal　● 塩分0g
● 5分＊＊

＊いちご100gは、パイナップル100gにかえてもよい。
＊＊冷蔵庫におく時間は除く。

いちごは冷凍保存で！

「いちごは冷凍庫で保存しておくと便利。ヘタを取ってそのまま冷凍してもいいですし、いったん冷凍してから砂糖をまぶしておくと、程よい甘みがついて、霜もつきにくい気がします。わが家の冷凍庫には「冷凍いちご」が常備してあり、ヨーグルトやアイスクリームと合わせてデザートにしたり、ジャムにしたり、スムージーにしたりと活用しています。」

冷凍いちご

■ 材料（つくりやすい分量）とつくり方
　いちご250gはヘタを除いて洗い、水けを拭く。冷凍用保存袋に入れ、冷凍庫に2時間以上おいて凍らせる。グラニュー糖小さじ2をまぶす。

● 110kcal（全量）　● 塩分0g（全量）　● 5分＊

＊冷凍庫におく時間は除く。

保存：冷凍庫で1〜2か月間。

Early Summer
チェリー

大人のチェリーソーダ
p.38

パンナコッタ
チェリーの赤ワイン煮添え
p.39

チェリーの赤ワイン煮

レモンとバルサミコ酢でキリッと酸味をプラス。
アイスクリームやヨーグルトに添えたり、
チョコレート系のお菓子のソースにも。

■ 材料（つくりやすい分量）
　アメリカンチェリー　200g
　グラニュー糖　40g
　赤ワイン　カップ1/4
　レモン汁　大さじ1/2
　バルサミコ酢　小さじ2

　● 290kcal（全量）　● 塩分0g（全量）　● 15分*
　＊アメリカンチェリーをおく時間、冷ます時間は除く。

■ つくり方
1. アメリカンチェリーはヘタを取り、種抜き器で種を取り除く（写真**a**）。種抜き器がない場合は、瓶の口の上にのせ、ヘタを取ったところから箸の太いほうを刺して種を押し出す（写真**b**）。
2. 鍋にアメリカンチェリー、グラニュー糖、赤ワインを入れて5分間おき、水分を出す（写真**c**）。
3. 鍋を中火にかけ、フツフツとしてきたら弱火にし、オーブン用の紙で落としぶたをして3〜4分間煮る（写真**d**）。レモン汁、バルサミコ酢を加えてサッと混ぜ、火を止める。落としぶたをしたまま冷ます。

　保存：清潔な保存瓶に入れて冷蔵庫で1週間。

大人のチェリーソーダ

甘酸っぱいチェリーの味わいの奥に、
ふんわりと赤ワインの風味が香ります。

■ 材料（1人分）
　チェリーの赤ワイン煮（上記参照）の
　　シロップ　カップ1/4
　チェリーの赤ワイン煮のチェリー　1コ
　炭酸水　適量

　● 60kcal　● 塩分0g　● 3分

■ つくり方
　グラスにシロップ、好みで氷適量を入れる。
　炭酸水を注いでチェリーを加える。

Early Summer ― チェリー

パンナコッタ
チェリーの赤ワイン煮添え

白と赤紫のコントラストが美しい、大人味のデザート。
赤ワイン煮のシロップの量はお好みでどうぞ。

■ 材料（容量約150mℓの器2コ分）
　チェリーの赤ワイン煮（p.38参照）のチェリー　6コ
　チェリーの赤ワイン煮のシロップ　適量
　粉ゼラチン　5g
　バニラビーンズ（あれば）　1/6本
　牛乳　カップ3/4
　砂糖　30g
　生クリーム　カップ3/4
　キルシュ*（あれば）　小さじ1

　● 460kcal（1コ分）　● 塩分0.2g（1コ分）　● 20分**

*さくらんぼの蒸留酒。
**冷蔵庫で冷やし固める時間は除く。

■ つくり方

1. 粉ゼラチンは水大さじ1 1/2 にふり入れてふやかす。バニラビーンズは縦に切り目を入れ、包丁の先でこそげて種とさやに分ける（写真**a**）。

2. 小鍋に牛乳、バニラビーンズの種とさや、砂糖を入れ、中火にかける。沸騰直前まで温めて火を止める。ふやかした粉ゼラチンを加えて溶かす（写真**b**）。

3. ざるでこしてボウルに移し、ボウルの底を氷水に当てながら混ぜ、粗熱を取る。生クリーム、キルシュを加えて混ぜながら冷ます（写真**c**）。

4. とろみがついてきたら器に注ぎ、冷蔵庫で2時間以上冷やし固める。赤ワイン煮のチェリーをシロップごとのせる（写真**d**）。

a

b

c

d

Summer
桃

桃のコンポート

サッと加熱するだけで
ジューシーなコンポートのでき上がり。
桃の香りが際立ち、華やかな味わいになります。

■ **材料**（つくりやすい分量）
　桃（直径約8cm）　2コ（600g）
　シロップ
　　水　カップ1¼
　　グラニュー糖　100g
　　白ワイン　60ml
　　レモン汁　小さじ2

● 580kcal（全量）　● 塩分0g（全量）　● 10分*

*桃の粗熱を取る時間、冷蔵庫で冷やす時間は除く。

■ つくり方

1

桃は料理ばさみでヘタの反対側に十文字に切り込みを入れ、はさみを差し込んで種をはさむ（写真左）。そのままグルリと回し、種を引き抜いて半割りにする（種はとっておく）。堅い桃の場合は縦に包丁でグルリと1周切り目を入れ、手でひねって半割りにして種を取る。「まるごと桃のパイ」（p.42参照）をつくる場合は中央のくぼみをスプーンで広げ、クリームを入れるスペースをつくる（写真右）。

2
鍋にシロップの材料を入れ、強めの中火にかける。沸騰したら**1**の桃を断面を下にして加え、種も加える。落としぶたをして弱めの中火で1分間煮て上下を返す。桃の皮がめくれてきたら火を止める。

3
ピンセットなどで皮をはがし、落としぶたをしたまま粗熱を取る。はがした皮を煮汁に入れておくと、コンポートがきれいなピンク色に仕上がる。

4
清潔な保存容器にシロップごと移し、皮と種も入れ、桃が空気に触れないように表面にラップをして冷蔵庫で冷やす。好みで薄切りにしたライムやレモン適量（分量外）をのせると、発色がよくなる。

保存：冷蔵庫で3〜4日間。

桃シェイク

やさしい桃の甘みと香りが、
爽やかなヨーグルトの味わいとベストマッチ。

■ 材料（2人分）
　桃のコンポート（p.40参照）　1切れ（120g）
　桃のコンポートのシロップ　100g
　牛乳　カップ1/4
　プレーンヨーグルト（無糖）　カップ1/2

● 130kcal　● 塩分0.1g　● 5分＊

＊コンポートとシロップを冷凍庫で凍らせる時間は除く。

■ つくり方
1. 桃のコンポートとシロップを冷凍用保存袋に入れ、冷凍庫に1〜2時間おいて凍らせる。
2. **1**と牛乳、ヨーグルトをミキサー（氷対応のもの）に入れ、なめらかになるまでかくはんする。

Une Petite Pause
— ちょっとひといき —

桃シェイクは桃缶でもおいしくつくれます。桃のコンポート→桃缶の桃に、桃のコンポートのシロップ→桃缶のシロップに、同分量で置きかえるだけ。桃缶でつくる場合は、少しレモン汁を加えるのがおすすめです。そして桃缶だとピンク色にならないので、冷凍のベリーを少し加えてもおいしいし、きれいな色合いに仕上がります。

Summer ― 桃

まるごと桃のパイ

ジュワッと甘い桃のコンポートに
クリームチーズのまろやかさ、
ラズベリージャムの甘酸っぱさと
サクサクのパイ生地が絶妙なバランス。

■ 材料（4コ分）
桃のコンポート（p.40参照）　4切れ
冷凍パイシート（20×20cm）　1枚
粉砂糖　大さじ1
クリームチーズ　100g
グラニュー糖　小さじ2
ラズベリージャム　大さじ2

●320kcal（1コ分）　●塩分0.3g（1コ分）　●50分*
＊パイ生地を冷ます時間は除く。

下準備
・オーブンは180℃に温める。

■つくり方

1

冷凍パイシートを直径10cmの丸型やお椀、コップなどで4枚に抜く。フォークで数か所刺し、穴を開ける。

2

1をオーブン用の紙を敷いた耐熱のバットにのせ、オーブン用の紙をかぶせる。同じ大きさの耐熱のバットを重ね、おもしにする。そのまま180℃のオーブンで15分間焼く。

3

おもしのバットと紙を外してパイの上下を返し、茶こしなどで粉砂糖をふる。オーブンの温度を190～200℃に上げ、20～25分間、表面があめ色になるまで焼いて冷ます（オーブンが2段ある場合は上段で焼く）。

4

ボウルにクリームチーズ、グラニュー糖を入れてゴムべらで混ぜる。桃のコンポートの汁けをきり、くぼみにクリームを詰め、断面にも薄く塗る。

5

3のパイの表面にラズベリージャムを塗り、4の桃の断面を下にしてのせる。

すいかのフレッシュジュース

旬のすいかのおいしさをそのまま生かして。

■ 材料（2人分）とつくり方

すいか1/8コ（正味600g）の果肉を3cm角に切る。見える種は取り除く。ミキサーでかくはんし、ボウルに重ねたざるでこして残った種を除き、好みで氷を入れたグラスに注ぐ。好みでライムやレモンを搾っても。

● 110kcal　● 塩分0g　● 5分

すいかのグラニテ

すいかは水分が多いのでシロップは加えず、甘みと酸味をプラスしてグラニテに。

■ 材料（2人分）とつくり方

すいかのフレッシュジュース（上記参照）300mlにグラニュー糖大さじ1を加えてよく混ぜ、バットや冷凍用保存袋に入れて凍らせる。くずして器に盛る。ライムやレモンを添えたり、オレンジリキュールや、ウォッカなどのお酒をたらしても。

● 90kcal　● 塩分0g　● 5分*

＊凍らせる時間は除く。

すいかとハーブの冷製スープ

さっぱりした甘みのすいかに、爽やかなハーブや香り高いオリーブ油をプラスすれば、のどごしのよい冷製スープに。

■ 材料（2人分）とつくり方

すいかのフレッシュジュース（上記参照）300mlに、レモン汁（または好みのビネガー）小さじ2、塩小さじ1/4を混ぜる。器に盛ってオリーブ油小さじ2をたらし、好みのハーブ（ミント、バジル、ディルなど）適量を散らす。

● 100kcal　● 塩分0.7g　● 5分

Summer
── すいか

Summer
とうもろこし

とうもろこしと
ズッキーニのケークサレ

野菜をたっぷり使える手軽なおやつ、ケークサレ。
粉っぽさが残るくらいラフに混ぜれば、外側はサクッと香ばしく、中はふんわりとした焼き上がりに。
チーズやカレー粉、ハーブなどを混ぜたり、ベーコンをのせて焼いても。
冷めたらオーブントースターで温めると、サクッと感が戻りますよ。

■ 材料（18×7×高さ5.5cmのパウンド型1台分）
とうもろこし　1本（正味170g）
ズッキーニ　50g
A｜牛乳　カップ¼
　｜米油　60ml
　｜卵　2コ
薄力粉　100g
ベーキングパウダー　小さじ2½
粉チーズ　40g
●塩・黒こしょう（粗びき）

● 1350kcal（全量）　● 塩分5.2g（全量）　● 45分

下準備
・型にオーブン用の紙を敷く。
・オーブンは180℃に温める。

a　b

c　d

■ つくり方
1. 計量カップなどにAを順に入れ、菜箸で卵をしっかりとほぐす。
2. ボウルに薄力粉とベーキングパウダーをふるい入れ、粉チーズ、塩小さじ¼を加えてざっと混ぜる。1を少しずつ加え、そのつど菜箸でサックリと混ぜる（写真a）。ここでは粉っぽさが残っているくらいでよい。
3. とうもろこしは長さを半分に切り、縦に置いて実をそぐ（写真b）。ズッキーニはヘタを除き、1cm厚さのいちょう形に切る。
4. 2に3を加えて混ぜる（写真c）。型に流し入れ（写真d）、黒こしょう少々をふる。180℃のオーブンで30～35分間焼く。表面の割れ目が乾いて、竹串を刺しても何もつかなければ焼き上がり。

とうもろこしの冷製ポタージュ

ひんやりクリーミーなポタージュは、夏の疲れた体にぴったり！

■ 材料（2人分）
とうもろこし　（小）2本（正味275g）
たまねぎ（薄切り）　⅓コ分（60g）
牛乳　カップ½
生クリーム　60ml
イタリアンパセリの葉　適宜
●オリーブ油・塩・こしょう

● 310kcal　● 塩分2.1g　● 30分*

＊粗熱を取る時間、冷やす時間は除く。

■ つくり方
1. とうもろこしは長さを半分に切り、縦に置いて実をそぐ（芯もとっておく）。
2. 鍋にオリーブ油小さじ1、たまねぎを入れて中火で炒める。たまねぎが透き通ったら、とうもろこしの実を加えて5分間ほど炒める。水カップ2、とうもろこしの芯を加え、ふたをして15分間ほど煮る。芯を除き、粗熱を取る。
3. ミキサーでなめらかになるまでかくはんし、牛乳と生クリームを加えて混ぜる。塩小さじ⅔、こしょう少々で味を調え、ざるなどでこし、冷蔵庫で冷やす。器に盛り、好みで生クリーム適量（分量外）を加えて、イタリアンパセリの葉をあしらう。

Autumn
ぶどう

マスカットのふるふる
ゼリーソーダ
p.50

ぶどうの
チーズケーキ

コクのあるチーズケーキには、
サワークリームを加えて軽やかさを出します。
甘くてジューシーな果汁たっぷりの巨峰が相性抜群！

チーズケーキを切るときは、包丁を湯で温め、よく拭いてから切るときれいに切れる。ほかのケーキを切るときにも使えるテクニック。

■ 材料（直径15cmの丸型*1台分）
　ぶどう（巨峰／種なし）　約16粒
　ビスケット（市販）　適量
　クリームチーズ　200g
　バター（食塩不使用）　15g
　グラニュー糖　60g
　サワークリーム　90g
　A ｜ 卵　1コ
　　　｜ 卵黄　1コ分
　　　｜ コーンスターチ　12g

● 1730kcal（全量）　● 塩分1.9g（全量）　● 45分**

*底が抜けるタイプの場合は、型の外側をきっちりとアルミ箔で覆う。
**冷ます時間は除く。

下準備
・型にオーブン用の紙を敷く。
・オーブンは180℃に温める。

■ つくり方

1. 型の底にビスケットを敷く。隙間はビスケットを大きめに割って埋める（写真**a**）。

2. 耐熱ボウルにクリームチーズとバターを入れ、ふんわりとラップをし、電子レンジ（600W）に40秒間ほどかけて柔らかくする。グラニュー糖とサワークリームを加え、全体が均一になるまでゴムべらで混ぜる。**A**を加えてしっかりと混ぜる（写真**b**）。

3. 型に**2**の生地の半量を流し入れ、ぶどうを並べる（写真**c**）。残りの生地を流し入れ、表面を平らにする。

4. 厚めの紙タオルを敷いたバット（オーブン対応のもの）にのせ、バットに約1.5cm深さまで水を注ぐ（写真**d**）。180℃のオーブンで30分間ほど焼き、冷めたら型と紙を外す。型から取り出しづらい場合は、型の周りを湯でぬらした布巾などで温め、型と紙の間にナイフを入れるとよい。

Autumn ── ぶどう

■ 材料（2～3人分）
マスカット　10粒（100g）
グラニュー糖　小さじ2
すだちの搾り汁　1/2コ分（1g）
A｜水　160ml
　｜白ワイン　50ml
B｜アガー　5g
　｜グラニュー糖　60g
炭酸水　120～180ml

● 120kcal　● 塩分0g　● 10分*

＊粗熱を取る時間、冷やし固める時間は除く。

■ つくり方

1. マスカットは皮が堅い場合は除いて5mm幅に切り、種があれば除く。グラニュー糖とすだちの搾り汁をふっておく。

2. 小鍋に**A**を入れて中火にかける。沸いたら混ぜ合わせた**B**を一度に加え、常にかき混ぜながら1分間加熱する（写真）。火を止めて**1**を加え、粗熱が取れたらバットなどに移し、冷蔵庫で1時間以上冷やし固める。

3. グラスに氷適量、**2**を約90gずつスプーンですくい入れ、それぞれに炭酸水60mlを注ぐ。好みですだちの搾り汁適量（分量外）を加える。

マスカットの
ふるふるゼリーソーダ

ツヤツヤとしたマスカットが、まるで宝石のよう。
すだちの爽やかな香りを加えて、
フレッシュなドリンクに。

アガーを使うと、常温でも溶けないのに、フルフルとほどけるような食感に。しっかり加熱しないと固まりにくくなるので、泡立て器などで混ぜながら、少し透明感が出るまで必ず1分間は加熱する。

Autumn
さつまいも

さつまいもの
ホットビスケット
p.52

さつまいもとしょうがの糖水
p.53

Autumn ── さつまいも

さつまいものホットビスケット

やさしい甘さの焼きいも入りのビスケット。
メープルシロップを塗って焼くとカリッと香ばしくなり、風味もアップ！

■ 材料（5～6コ分）
A ｜ 薄力粉*　110g
　｜ ベーキングパウダー　小さじ1
　｜ きび糖　30g
焼きいも（市販）　100g
サワークリーム　60g
メープルシロップ　大さじ1

● 150kcal（1コ分）　● 塩分0.1g（1コ分）　● 35分

*たんぱく質含有率9.2%程度の、フランス産小麦を使用したものだと、よりサクッと仕上がる。

下準備　・天板にオーブン用の紙を敷く。　・オーブンは190℃に温める。

■ つくり方

1

ボウルにAを入れ、泡立て器でざっと混ぜる。皮を除いて2～3cm角に切った焼きいもとサワークリームを加え、ゴムべらでざっとまとめる。
▶ここでは粉っぽさが多少残っていてOK。まとまりにくい場合は、様子を見ながら水を小さじ1くらいずつ足して調整する。

2

ラップの上に取り出してのばし、粉っぽさがなくなるまで数回折りたたむ。粉を生地に入れ込んでいくように、何度か折りたたみながら生地をまとめていく。

3

麺棒で1.5～2cm厚さにのばし、カードなどで4～5cm四方に切る。生地の端が余った場合は、ひとまとめにして一緒に焼けばよい。

4

天板に並べ、メープルシロップを表面に塗る。190℃のオーブンで15～20分間、焼き色がつくまで焼く。

さつまいもとしょうがの糖水

香港などで伝統的に食べられている、ほんのり甘くて温かいデザートスープ。ほっくりと煮えたさつまいもに、ピリッとしょうががきいて体が芯から温まります。

■ 材料（2人分）
　さつまいも　200〜250g
　しょうが　1かけ
　きび糖　大さじ1〜2
　●140kcal　●塩分0g　●30分

■ つくり方
1. さつまいもは皮をむいて一口大に切る。しょうがはよく洗って皮ごと薄切りにする。
2. 鍋に**1**、水カップ¼を入れて、きび糖を加える。ふたをして弱火で15〜20分間、蒸し煮にする。
3. さつまいもが柔らかくなったら、水カップ¾を加えて5〜6分間煮る。

焼きいものサンドイッチ

■ 材料（1〜2人分）
　焼きいも（市販）　適量
　マスカルポーネチーズ　50g
　グラニュー糖　15g
　食パン（8枚切り）　2枚
　ラムレーズン（市販）　適量
　●260kcal　●塩分0.4g　●10分*
　＊冷蔵庫におく時間は除く。

■ つくり方
1. マスカルポーネチーズとグラニュー糖を混ぜ合わせる。
2. 食パンの片面にそれぞれ**1**を塗り、1枚にはラムレーズンを散らす。もう1枚には皮を除いて薄く切った焼きいもを隙間なく敷き詰める。
3. **2**を重ね合わせ、ラップでしっかりと包んで、手で軽く押さえる。バットなどでおもしをし、冷蔵庫に30分間ほどおく。みみを切り落とし、好みのサイズに切り分ける。

なめらかなマスカルポーネクリームが焼きいもを包み込む、至福のサンドイッチ。ふんわり香るラム酒で上品な味わいに。さらにゆで小豆をプラスするのもおすすめ。

きんかんしょうが
シロップ

きんかんでつくる気軽なシロップ煮は、きんかんとシロップ、どちらも甘くおいしく、のどにもよいので常備しています。

■ 材料（つくりやすい分量）
　きんかん　250g
　しょうが　½かけ
　グラニュー糖　150g*

● 750kcal（全量）　● 塩分0g（全量）　● 25分

*100gにして、煮上がりにはちみつ大さじ2を加えてもよい。

■ つくり方

1. しょうがはよく洗い、皮ごとせん切りにする。きんかんはよく洗ってヘタを取り、横半分に切って種を取る。

2. 鍋に水カップ¾、きんかん、しょうがを入れ、落としぶたをして弱めの中火で5分間ほど煮る。グラニュー糖を加えて弱火にし、再び落としぶたをして15分間ほど煮る。

■ 材料（約6コ分）
　さつまいも　1本（200g）
　きんかんしょうがシロップのきんかん
　　　（上記参照／半分に切る）　4〜5切れ分
　A ┃ グラニュー糖　大さじ1
　　 ┃ バター　10g
　　 ┃ きんかんしょうがシロップ（上記参照）
　　 ┃ 　小さじ2
　　 ┃ はちみつ　小さじ1

● 70kcal（1コ分）　● 塩分0.1g（1コ分）　● 40分*

*粗熱を取る時間、冷蔵庫で冷やす時間は除く。

■ つくり方

1. さつまいもは皮を厚めにむいて約1.5cm厚さの輪切りにし、20〜30分間蒸す。

2. ハンドブレンダーなどで**1**をつぶし、熱いうちに**A**を加えて混ぜる。きんかんを加えて混ぜ、粗熱を取る。6等分してそれぞれラップで包み、茶巾に絞る。冷蔵庫で5分間ほど冷やす。

きんかん茶

きんかんしょうがシロップ大さじ2に熱湯100〜120mlを注げば、寒い時季にぴったりの、のどにやさしい飲みものに。

さつまいもと
きんかんのきんとん

さつまいものやさしい甘さと、きんかんの豊かな風味がよく合います。

Part 3 大人のための夜おやつ

一日の終わりにゆっくり心と体を休める……
そんなひとときにふさわしい
夜おやつと飲みものをお供にどうぞ。

スパイス で…

静かな夜は、大人なティータイムを
愉しむのにうってつけ。
体の温まるチャイや、スパイスのきいた
クッキーはいかがですか？

サクサク×ホロッの絶妙な食感。
ベルギーの伝統菓子「スペキュロス」風の
スパイシーかつ香ばしい味わいです。

ベルギー風スパイスクッキー

■ 材料（つくりやすい分量）
　バター（食塩不使用）　100g
　ブラウンシュガー（または黒砂糖）　80g
　溶き卵　1/2コ分
　A｜薄力粉　150g
　　｜重曹　小さじ1/3
　　｜シナモンパウダー　小さじ1/4
　　｜カルダモン（粉）・クローブ（粉）
　　｜（合わせて）小さじ1/2

●1600kcal（全量）　●塩分0.1g（全量）　●40分*

*生地を休ませる時間、冷ます時間は除く。

下準備
・バターは常温に戻す。
・天板にオーブン用の紙を敷く。
・オーブンは180℃に温める。

■ つくり方

1. ボウルにバター、ブラウンシュガーを入れ、ゴムべらですり混ぜる。溶き卵を加え、全体がなじむまでさらにすり混ぜる。Aを合わせてふるい入れ、粉っぽさがなくなり、全体がまとまるまで混ぜる。

2. オーブン用の紙に1の生地をのせ、ラップをかぶせる。麺棒で5mm厚さにのばし（写真a）、冷蔵庫で30分間、または冷凍庫で15分間休ませる。

3. 2の生地のラップを外し、好みの型で抜いて（写真b）天板に並べる。180℃のオーブンで15〜20分間焼き（写真c）、オーブン用の紙ごと網にのせて冷ます。

a

b

c

スパイスチャイ

カルダモンを加えると、一気に本格的な味わいに。
甘さは好みで加減して。

■ 材料（2人分）
　紅茶の茶葉　4g
　牛乳　カップ1
　A｜カルダモン（粒/皮から出す）
　　｜　1粒分
　　｜しょうが（すりおろす）・
　　｜シナモンパウダー　各少々
　砂糖・シナモンスティック　各適宜

●60kcal　●塩分0.1g　●10分

■ つくり方

小鍋に紅茶の茶葉、水カップ1/2を入れて中火にかける。沸騰したらA、牛乳を加え、温まったら好みで砂糖を加えて甘さを調整する。茶こしでこしてカップに注ぎ、好みでシナモンスティックを添える。

ワイン で…　ヴァン・ショーは、フランス語でホットワインのこと。
パリのカフェでは、温めたワインに
角砂糖とシナモンのみを添えることが多いですが、
香りがプラスされると、一層おいしくなりますよ。

りんごの
白いヴァン・ショー

みかんの
赤いヴァン・ショー

りんごの白いヴァン・ショー

白ワインにりんごの赤とハーブの緑、
そしてレモンの黄色のコントラストがきれい。
爽やかで華やかな飲み口。

■ 材料（2～3人分）
　白ワイン　カップ1
　りんご　1/4コ
　A｜砂糖　小さじ2
　　｜レモン汁　小さじ1
　はちみつ（好みで）　小さじ1～2
　レモン（薄切り）・好みのハーブ＊　各適宜

●70kcal　●塩分0g　●10分

＊ここではミント、レモンバーベナ（ヴェルヴェーヌ）を使用。
ローズマリーやレモングラスなどでも。

■ つくり方
1. りんごはよく洗って皮ごと5～6mm厚さのいちょう形に切る。鍋に水カップ1/4、りんご、Aを入れて中火で煮立たせ、砂糖を溶かす。
2. りんごが少し透き通ったら白ワインを加えて温め、はちみつを加えて甘さを調整する。グラスに注ぎ、好みでレモンを加え、ハーブを添える。

みかんの赤いヴァン・ショー

しっかりとした飲み口の赤ワインには、
奥深い香りのスパイスと、甘酸っぱいみかんや
オレンジなどのかんきつを合わせて。

■ 材料（2～3人分）
　赤ワイン　カップ1
　みかん　（小）2コ
　A｜砂糖　小さじ2
　　｜シナモンスティック（縦に割る）　1/2～1本分
　　｜カルダモン・クローブ　各2～3粒
　はちみつ（好みで）　小さじ1～2

●80kcal　●塩分0g　●10分

■ つくり方
みかんは皮をむき、7mm厚さの輪切りにする。鍋に水カップ1/4、みかん、Aを入れて中火で煮立たせ、砂糖を溶かす。赤ワインを加えて温め、はちみつを加え甘さを調整する。

Une Petite Pause
—— ちょっとひといき ——

ヴァン・ショーは、アルコール度数はそんなに高くないと思いますが、体がぽっかぽかになって、少し上機嫌になれる、お酒に弱い私がいちばんよく飲むワインの飲み方。ヨーロッパの冬は、石畳だからなのか、足の先から凍りそうになるほど寒い日があります。真っ暗な道でカフェを見かけると、引き寄せられるように入っては、ヴァン・ショーを飲む。まるでカイロのような存在でした。

ドライフルーツ で…

乾燥させたなつめは、漢方薬にも使われるほど栄養たっぷり。
しょうがやクコの実と合わせて煮出した薬膳茶は、
疲れた夜にほっとしみます。

なつめとしょうがの薬膳茶

葉酸やカリウム、鉄分などが含まれるなつめ。
コトコト煮出したお茶を飲むと、ほっと心も整います。

■ 材料（つくりやすい分量）
なつめ（乾）　9コ
しょうが（薄切り）　2〜3枚
クコの実　小さじ2
はちみつ　適量

● 140kcal（全量）　● 塩分0g（全量）
● 45分*

*なつめを水につける時間は除く。

■ つくり方
1. なつめは縦半分に割り、ヒタヒタの水に30分〜一晩つけて戻す。
2. 鍋に水カップ3と1を戻し汁ごと入れ、残りの材料を加える。ふたをして弱火で30〜40分間、水分が半量程度になるまで煮る。

なつめ茶寒天　香りのよい薬膳茶のヘルシーなおやつ。

■ 材料（つくりやすい分量）
なつめとしょうがの薬膳茶
　（上記参照／冷やす）　適量
粉寒天　4g
砂糖　大さじ2
はちみつ　大さじ1

● 220kcal（全量）　● 塩分0g（全量）　● 10分*

*粗熱を取る時間、冷蔵庫で冷やし固める時間は除く。

■ つくり方
1. 小鍋に粉寒天、砂糖を入れ、泡立て器でよく混ぜる。水カップ2½とはちみつを加え、混ぜながら中火にかける。沸騰したら少し火を弱め、2分間煮る。
2. 火を止め、熱いうちに流し函（かん）に流し入れる。粗熱を取り、冷蔵庫で1時間以上冷やし固める。好みの大きさに切って器に盛り、なつめとしょうがの薬膳茶をかける。

チョコレート で…

フランスでよく飲まれている、チョコレートを溶かした濃厚なドリンクがショコラ・ショー。
寒い夜にアツアツを飲んで至福のひとときを。

紅茶のショコラ・ショー

チョコレートのドリンクに香りのよい紅茶を加えて、すっきりと上品な味わいにアレンジしました。

■ 材料（2人分）
　チョコレート（カカオ分60％以上）*　40g
　紅茶の茶葉（アールグレイなど香りが強いもの）**
　　小さじ1
　牛乳　150mℓ
　砂糖（好みで）　約小さじ1
　マシュマロ　適宜

●160kcal　●塩分0.1g　●10分

*カカオ分が高いチョコレートでつくるのがおすすめ。
**ティーバッグのものが茶葉が細かく、味がよく出ておすすめ。

■ つくり方
1. 紅茶の茶葉に熱湯50mℓを注いで5分間おき、茶葉をこす。チョコレートは細かく刻む。
2. 小鍋に牛乳大さじ3を入れ、弱めの中火にかけて沸騰させる。火を止めてチョコレートを加え、耐熱のへらで混ぜてよく溶きのばす。
3. 弱火にかけ、残りの牛乳を少しずつ加えて混ぜる。さらに1の紅茶と砂糖を加えて混ぜる。温まったらカップに注ぎ、好みでマシュマロを浮かべる。

ホワイトチョコレートのショコラ・ショー

極上の甘さに癒やされる至福の一杯。
クリーミーな味わいに、柚子の華やかな香り。

■ 材料（2人分）
　ホワイトチョコレート　40g
　柚子の皮（すりおろす）*　適量
　牛乳　240mℓ
　柚子ジャム*　小さじ1～2
　柚子の皮（せん切り）*　少々

●200kcal　●塩分0.2g　●5分

*マーマレードとオレンジの皮でもよい。

■ つくり方
1. ホワイトチョコレートは細かく刻む。
2. すりおろした柚子の皮と牛乳大さじ3を小鍋に入れ、弱めの中火にかけて沸騰させる。火を止めて1を加え、耐熱のへらで混ぜてよく溶かす。
3. 弱火にかけ、残りの牛乳を少しずつ加えて混ぜ、柚子ジャムを加えてさらに混ぜる。温まったらカップに注ぎ、せん切りにした柚子の皮をあしらう。

酒かす で…

酒かす甘酒には
疲労回復に役立つビタミンB群も
含まれていて、
心も体もほっとリセットできますよ。

ふわふわ甘酒オレ

香り高い酒かすに豆乳を加えて、
ふわふわに泡立てていただきます。

■ 材料（2人分）
酒かす（ペースト状のもの）* 大さじ2
はちみつ 小さじ1
無調整豆乳 カップ¾
しょうが（すりおろす） 少々

● 70kcal ● 塩分0g ● 10分

＊板かすの場合は水適量を混ぜてペースト状にする。

■ つくり方
1. 酒かす、はちみつ、水カップ¼を小鍋に入れて弱火にかけ、泡立て器で混ぜてゆるめのペースト状にする。
2. 豆乳を加え、沸騰しないように混ぜながら温め、火を止める。ハンドブレンダーまたは泡立て器で泡立て、しょうがを加えて混ぜる。

Memo

日本酒をつくる工程で出る酒かすに、水や砂糖を加えてつくるのが「酒かす甘酒」。アルコール分を含み、豊かな風味とトロリとした口当たりが特徴です。コクがあり、料理に使うのもおすすめ。白みそとも相性がいいですよ。

ちなみに米こうじを加熱・発酵させてつくるのが「米こうじ甘酒」。アルコール分は含まれず、サラリとした口当たりで、米のやさしい甘みを味わえます。ヨーグルトや牛乳で割って軽く温め、ドリンクにしても。

Part 4
思い出のおやつと飲みもの

子どもの頃の素朴で懐かしいおやつ、
旅先で出合った甘い飲みもの……。
そのときの季節や風景までが一瞬でよみがえる、
どれも私の大切なスイーツです。

「パリに留学中、滞在先のアパルトマンの近くに
イスラム教のモスクがありました。
ある夜、友達とそのモスクのカフェで飲んだのが、
小さいガラスのコップに注がれた、ものすごく甘いミントティー。
熱いうちにゴクッと飲むと、
体をスッと爽やかな風が吹き抜けるような心地よさ。
それまでミントが苦手だった私が、ミント好きになったきっかけでした。」

ミントティー

目の覚めるような爽快さ。フレッシュなミントを使えば、
グリーンの色合いが夏のテーブルにもぴったり。暑気払いに一服どうぞ！

■材料 (3〜4人分)
　ミント　1パック (20〜30g)
　煎茶のティーバッグ　1袋 (約2g)
　●砂糖

●20kcal　●塩分0g　●3分

■つくり方
1. ミントは手で軽くもむ。ティーポットにミントと砂糖大さじ2〜3を入れ、熱湯カップ2½を注ぐ。
2. ティーバッグを加えて20秒間おき、ティーバッグを取り出す。

「ミルクと卵の甘さがやさしいミルクセーキは、
いつ飲んでもどこか懐かしいもの。
私の出身地・岡山では、
かき氷を使ったスタイルをよく見かけます。
祖母と一緒に、映画館前のおまんじゅう屋さんで
ミルクセーキを頼むと、
おじさんがボウルに卵を割り入れ、
練乳を加えて渾身の力で泡立て、
かき氷の上にフワッとかけてくれたものです。」

真っ赤なチェリーをのせれば、まるでレトロな喫茶店みたい。

■ 材料（2人分）
　卵黄　1コ分
　コンデンスミルク（加糖練乳）　大さじ2
　牛乳　80㎖
　バニラエッセンス　1〜2滴
　かき氷　水300㎖分
　さくらんぼ（缶詰／シロップ漬け）　適宜
　●120kcal　●塩分0.1g　●5分*
　*冷ます時間は除く。

■ つくり方
1. 耐熱のボウルに卵黄とコンデンスミルクを入れ、よく混ぜる。
2. 牛乳を小鍋に入れて沸騰直前まで温め、1に加える。バニラエッセンスを加えて混ぜ、冷ます。
3. グラスにかき氷を等分に入れ、2を注ぐ。好みでさくらんぼをあしらう。

ミルクセーキ

かき氷入りでシャリシャリ。
アイスクリームよりもさっぱりしていて、スプーンで食べたり、氷をくずしながらストローで飲んだり、お好みで。

■ 材料（2人分）
　卵黄　1コ分
　コンデンスミルク（加糖練乳）
　　大さじ1
　牛乳　60㎖
　バニラエッセンス　適宜
　抹茶シロップ
　　｜熱湯　大さじ1
　　｜抹茶　小さじ1½
　　｜グラニュー糖　小さじ1
　かき氷　水300㎖分
　●90kcal　●塩分0.1g　●5分*
　*冷ます時間は除く。

■ つくり方
1. ミルクセーキ（上記参照）のつくり方1〜2と同様につくる。
2. 抹茶シロップの材料はよく混ぜて冷ます。1に抹茶シロップを加えて混ぜる。
3. 器にかき氷を等分に入れ、2を注ぐ。

抹茶ミルクセーキ

やさしい甘さに、抹茶の香りがふわり。
少し大人っぽいミルクセーキです。

「冷たい飲みもので思い出すのは、
小さい頃に家でつくっていた「ひやしあめ」。
関西の人は知っているけれど、
関東ではあまり知られていないらしい、
水あめとしょうがでつくる夏の定番ドリンクです。
これはやっぱり、水あめを使うのがいいと思います。
昔懐かしいまろやかな、鋭さのない甘みが心地よい。
残った甘辛いしょうがでつくる
アイスもおいしいですよ。」

ひやしあめ

爽やかなしょうがの風味と
コクのある甘みで、
暑気払いにぴったり。

■ 材料（1人分）とつくり方
グラスに黒糖しょうがシロップ
（p.69参照）大さじ3を入れ、
水カップ3/4で割る。好みで氷
適量を加える。

● 120kcal　● 塩分0g　● 3分

黒糖しょうがアイスクリーム p.70

黒糖しょうがシロップ

ピリッと辛いひねしょうがは、コク深い味わいの黒砂糖と相性抜群。
水あめを加えると、まろやかでやさしい味わいに。

■ 材料（つくりやすい分量）
しょうが　100g
黒砂糖　150g
水あめ*　大さじ2
● 610kcal（全量）
● 塩分0.1g（全量）　● 15分

*あれば麦芽水あめがおすすめ。

■ つくり方
1. しょうがは薄切りにし、水カップ¾とともにフードプロセッサーに入れてかくはんする。
2. 小鍋に1と黒砂糖、水あめを入れて中火にかける（写真）。沸騰したら弱めの中火にし、時々混ぜながら少しトロリとするまで10分間ほど煮て、ざるでこす。

▶こしたあとのしょうが（約50g）は冷凍して、アイスクリーム（p.70参照）やポークジンジャーなどに入れても。

保存：冷蔵庫で1か月間。

・水で割ってひやしあめに
・炭酸水で割ってジンジャーエールに
・コーヒーに加えて、ジンジャーコーヒーに
・牛肉のしぐれ煮やポークジンジャーの隠し味に

黒糖しょうが
アイスクリーム

ミルクのまろやかな風味に
しょうがの爽やかさをプラス。

■ 材料（2〜3人分）
　黒糖しょうがシロップ（p.69参照）・
　　牛乳・生クリーム　各カップ1/2
　はちみつ　大さじ1
　● 270kcal　● 塩分0.1g　● 5分*
　*冷やし固める時間は除く。

■ つくり方
　ボウルにすべての材料を混ぜ合わせ、バットなどに移して冷凍庫で3時間以上冷やし固める。

　▶なめらかな口当たりにしたい場合、1時間ほど凍らせたら、途中フォークなどでかき混ぜ、空気を含ませる。

小豆としょうがの
アイスクリーム

小豆の食感とやさしい甘みが懐かしいおいしさ。

■ 材料（2〜3人分）
　ゆで小豆（市販）　200g
　黒糖しょうがシロップのしょうが（p.69参照）
　　30〜50g
　生クリーム　カップ1
　● 410kcal　● 塩分0.2g　● 5分*
　*冷やし固める時間は除く。

■ つくり方
　ボウルに生クリームを入れ、ハンドミキサーで七分立て（すくうとトロリと落ちるくらい）に泡立てる。小豆としょうがを加えて混ぜ、バットなどに移して冷凍庫で3時間以上冷やし固める。

抹茶グリーンティー
p.73

抹茶と練乳の
シフォンロールケーキ
p.72

「子どもの頃、商店街のお茶屋さんの前を通りかかるたび
母にねだって買ってもらったのが、抹茶のグリーンティー。
店頭のマシンの中でくるくる回っていて、氷が浮かんだ様子が涼やか。
甘くておいしかったのを覚えています。
なので、抹茶の味わいは今でも「夏」のイメージです。
そんな懐かしの抹茶で、すごく簡単なのに、
必ず喜ばれる自慢のシフォンロールもご紹介します。」

抹茶と練乳の
シフォンロールケーキ

ミルキーな味わいの練乳クリームが
ほろ苦さのある抹茶生地とよく合います。
冷凍庫で2〜3時間冷やして、アイスケーキにしても。

■ 材料（29×29cmの天板1台分）
- 抹茶生地
  - 卵　3コ
  - グラニュー糖　60g
  - 米油　大さじ2
  - 牛乳　カップ1/4
  - 薄力粉　40g
  - 抹茶　7g
- 練乳クリーム
  - 生クリーム　カップ1
  - グラニュー糖　小さじ1〜2
  - コンデンスミルク（加糖練乳）　大さじ1 1/2

● 1790kcal（全量）　● 塩分0.9g（全量）　● 20分*

*生地を冷ます時間、冷蔵庫で冷やす時間は除く。

下準備
・天板にオーブン用の紙を敷く。
・オーブンは200℃に温める。
・薄力粉と抹茶は合わせてふるう。
・卵は卵黄と卵白に分ける。

■ つくり方

1
抹茶生地をつくる。ボウルに卵黄を入れて泡立て器で溶きほぐす。グラニュー糖小さじ2、米油、牛乳を順に加え、そのつど混ぜ合わせる。薄力粉と抹茶を再びふるいながら加えて混ぜる。

▶生地がトロッと落ちるくらいの柔らかさが目安。堅い場合は、牛乳適量（分量外）を足して調整する。

2
別のボウルに卵白を入れ、残りのグラニュー糖を少しずつ加えながら、ツノが立つまでハンドミキサーで泡立てる。

3
2の1/3量を**1**のボウルに加え、泡立て器で混ぜる。しっかりとなじんだら残りも加え、ゴムべらでサックリと切るように混ぜる。

天板に流し入れて表面をならし、200℃のオーブンで8〜10分間焼く。焼き上がったら天板から外して網にのせ、オーブン用の紙をかぶせて冷ます。上下を返して底面の紙を外す。
練乳クリームをつくる。ボウルに生クリームとグラニュー糖を入れ、底を氷水に当てながらハンドミキサーで九分立てにし、コンデンスミルクを加えてサックリと混ぜる。

4の生地の上下を再び返して新しいオーブン用の紙にのせ、手前と奥の端を切りそろえる（巻き終わりの〈奥〉は厚みをそぐように斜めに切る）。練乳クリームを手前は厚めに、奥はやや薄めに塗り、生地の手前を直角に起こしてから巻きはじめる。

巻き終わりを下にして、オーブン用の紙の上から定規などを当てて押し込むようにしっかりと巻き、形を整える。ラップで包み、冷蔵庫で1〜2時間冷やす。

抹茶グリーンティー

目の覚めるような深緑色が涼やか。
上品な甘さに癒やされます。

■ 材料（1人分）とつくり方
耐熱ボウルに抹茶・グラニュー糖各大さじ1を入れて混ぜ、熱湯カップ¼を加えて泡立て器で混ぜ合わせる。はちみつ小さじ1を加えて混ぜる。ダマが気になる場合は茶こしなどでこし、氷適量を入れたグラスに注ぐ。

●100kcal　●塩分0g　●5分

杏仁豆漿（ドゥジャン）

杏仁のほのかな香りとやさしい甘さのデザートスープ。
豆乳を牛乳にかえてもおいしくつくれます。

■ 材料（2人分）
　杏仁霜＊　大さじ2
　無調整豆乳　カップ 3/4（150㎖）
　はちみつ・きび糖など　適宜

　●70kcal　●塩分0g　●5分

＊あんずの種を粉末にして砂糖やコーンスターチなどを混ぜたもの。特有の甘い香りで、杏仁豆腐に使われる。

■ つくり方

1. 小鍋に杏仁霜を入れ、水カップ3/4を少しずつ加えて泡立て器でよく混ぜる。中火にかけ、杏仁霜が溶けてきたら耐熱のへらでトロリとしてくるまでよく混ぜる。

2. 豆乳を加えて軽く温める。好みではちみつやきび糖などで甘みを足してもよい。

「台湾の朝ごはんの定番は、
豆乳を温めてつくるスープ、豆漿。
現地の食堂でいただいた豆漿がおいしくて、
それ以来、私もふだんから朝ごはんに飲んでいます。
夏場は冷やしてもおいしいですが、
だんだんと秋の入り口が近づいてきたな、という朝には、
ほの甘い豆漿を、温かいままいただくのがおすすめ。
心も体も、ほっとひといきつけますよ。」

「寒さがこたえる真冬。
子どもの頃、祖母がつくってくれたのは、
ホットレモネードならぬ「ホットみかん」。
とりわけ風邪をひいたときにつくってもらうと
おいしくて、それだけで治った気がしました。
やさしい甘さにほっと癒やされた、
懐かしい思い出の味です。

みかん蒸しパン

フワッと香るみかんの風味にほっこり。
みかんの皮をカップがわりに使うと、
かんきつのほろ苦さも加わって、大人の味に。

■ 材料（みかんの皮のカップ5コ分）*
  みかん　5コ（400g）
  卵　1コ
  米油　大さじ2
  A │ 薄力粉　100g
　　│ グラニュー糖　40g
　　│ ベーキングパウダー　小さじ1

●170kcal（1コ分）　●塩分0.2g（1コ分）　●25分
＊直径5cmのカップケーキ型を使うと、6コつくれる。

■ つくり方
1. みかんはよく洗って上部を少し切り取り、底を破らないようにスプーンで皮と果肉をはがし、薄皮ごと果肉を取り出す（写真a）。果肉から果汁カップ¼を搾り、残りの果肉は取り分ける。
　▶残りの果肉はホットみかん（下記参照）に。

2. ボウルに卵を溶きほぐし、1のみかん果汁、米油を加えてさらに混ぜる（写真b）。

3. 別のボウルにAを入れ、泡立て器で全体をよく混ぜ合わせる。2を少しずつ加えてなめらかになるまで混ぜ、1のみかんの皮のカップの7分目まで等分に流し入れる。

4. フライパンに布巾や紙タオルを敷き、耐熱カップなどに入れた3を並べる。カップが⅓ほど浸る量の湯を注ぐ（写真c）。布巾で包んだふたをして（少しずらすか太めの菜箸をかませるなどして、蒸気が逃げるようにする）、中火にかけ、沸騰したら火を弱めて10分間ほど蒸す。竹串を刺して、生地がつかなければでき上がり。

ホットみかん

みかんとはちみつの入ったカップに、お湯を注ぐだけ。
果肉はこしても、そのまま入れても。

■ 材料（1人分）
  みかんの果肉　60g
  はちみつ　大さじ1

●100kcal　●塩分0g　●5分

■ つくり方
耐熱カップにすべての材料を入れ、湯120mlを注ぐ。
スプーンでみかんの果肉をつぶしながら混ぜる。

part 5
おもてなしにも 贈りものにも

お客さまがいらしたときやお呼ばれのときに、
お気に入りのおやつと飲みもので華を添えれば、
一緒に過ごす時間がもっと楽しく、
笑顔になること間違いなし。

コーヒー風味の ケーキと飲みもの

香り高いコーヒーは、お菓子に使っても
しっかりと風味を感じられます。
ミルキーな味わいのホワイトチョコレートをあしらったら、
ちょっとよそゆきな表情のケーキができ上がりました。

ウインナーコーヒー
p.81

コーヒー風味のスクエアケーキ
p.80

コーヒー風味の
スクエアケーキ

少しビターなフワフワ生地に、
コーヒー風味のバタークリームがとろけるおいしさ。

■ **材料**（24×24cmの天板1台分）
　ココア生地
　　A │ 薄力粉　45g
　　　　│ ココアパウダー　15g
　　卵　3コ
　　グラニュー糖　80g
　　牛乳　大さじ1
　コーヒーバタークリーム
　　卵白　（L）1コ分（35g）
　　グラニュー糖　40g
　　バター（食塩不使用）　100g
　　B │ インスタントコーヒー　小さじ1
　　　　│ 熱湯　小さじ1弱
　　　　│ 塩　1つまみ
　ラムシロップ
　　水　60ml
　　グラニュー糖　30g
　　ラム酒　小さじ2
　ホワイトチョコレート（板状のもの）　適量

● 1810kcal（全量）　● 塩分1.7g（全量）　● 50分*

＊生地を冷ます時間は除く。

下準備
・牛乳、バターは常温に戻す。
・天板にオーブン用の紙を2枚重ねて敷く。
・オーブンは190℃に温める。
・Aは合わせてふるっておく。

■ **つくり方**

1

ココア生地をつくる。ボウルに卵を割りほぐし、グラニュー糖を加えて湯煎にかけ、泡立て器で混ぜながら人肌程度に温める。湯煎から外し、ハンドミキサーの高速で4〜5分間泡立てる。モッタリとして、生地をすくい上げて落とすとリボン状に重なるようになったら、低速で1分間ほど泡立ててきめを整える。

2

Aを再びふるいながら加え、ゴムべらでサックリと混ぜる。粉っぽさがなくなったら牛乳を加え、しっかりと混ぜる。天板に流し入れ、カードなどで表面をならし、190℃のオーブンで10〜12分間焼く。焼き上がったらすぐに紙ごと天板からまな板などに移し、上にオーブン用の紙をのせて冷ます。

3

コーヒーバタークリームをつくる。ボウルに卵白とグラニュー糖を入れて泡立て器でよく混ぜ、ハンドミキサーで泡立てる。湯煎にかけてさらに泡立て、指を入れて温かさを感じるくらい（約50℃）になったら湯煎から外し、ツノがピンと立ってつやが出るまでさらに泡立てる。

4
別のボウルにバター、混ぜ合わせたBを入れ、泡立て器でよく混ぜる。3を加え、泡立てるように混ぜる。

5
2の生地を十文字に4等分に切る。ラムシロップの材料を混ぜ合わせ、はけで生地の表面に塗る。生地1枚に4の1/4量を塗り、同様に残りの生地、クリームを順に重ねる。

6
四方を1cmほど切り落として形を整え、ホワイトチョコレートをスプーンなどでかくように削ってのせる。

ウインナーコーヒー

ウインナー＝ウィーン風の、という意味。
コーヒーのほろ苦さとクリームのまろやかさが
至福の組み合わせ。

■ 材料（2人分）とつくり方
生クリームカップ1/3に砂糖小さじ1 1/2を加え、八分立てに泡立てる。コーヒー（好みのもの）適量に好みの量をのせる。

●100kcal　●塩分0g　●5分

Une Petite Pause
— ちょっとひといき —

コーヒーにバタークリームの組み合わせが大好き。コクのあるオペラのようなお菓子が食べたい、でも簡単につくりたい、という妄想の成れの果てがこのケーキです。チョコレートは扱いも大変だし、生地は一つにしたいしとどんどん省いていきましたが、バタークリームをちゃんと手づくりするだけでも、コーヒー風味と合ってとてもおいしい。生地はすぐに焼けるし、見た目も華やかで、とても気に入っているレシピです。

柚子のケーキと
柚子のお茶

冬至を迎える頃になると思わず手にとりたくなるのが、
黄色い実が鮮やかで、香りの華やかな柚子。
瓶詰めにできる柚子茶や、持ち運びしやすいケーキは
プレゼントや手土産にぴったりです。

柚子の
サワークリームケーキ
p.84

柚子茶

旬の柚子を丸ごと使ったドリンクのもと。
ジャムのように使ったり、
お菓子にも活用できて、冬の間、大活躍です。

■ 材料（つくりやすい分量）
　柚子　250g
　グラニュー糖　220g

●970kcal（全量）　●塩分0g（全量）　●25分＊
＊おく時間、粗熱を取る時間は除く。

■ つくり方

1. 柚子はよく洗い、皮と果肉に分ける。皮は1cm長さの細切りにし、果肉は細かく刻む。種はとっておく。

2. 鍋に**1**の皮と果肉、種を入れる。グラニュー糖を加え、軽く混ぜて10分間おく（写真）。

3. **2**を弱めの中火にかけ、15分間ほど煮汁が半透明になるまで煮る。粗熱を取り種を除く。
種も一緒に煮ると、とろみがつく。

グラニュー糖をなじませて少しおくと、柚子の水分が出てくる。

保存：清潔な保存瓶に入れて約2週間。

柚子茶大さじ1½を熱湯150mℓで割って、身も心も温まるホットドリンクに。

柚子のサワークリームケーキ

柚子を使った香り豊かな焼き菓子は、
爽やかなサワークリームを加えて
軽やかに仕上げます。混ぜるだけですが、
ふんわりした食感と、表面のサクッとした
アイシングの組み合わせが誰からも好かれます。
冬は柚子を使うことが多いですが、
すだちやレモン、ライムにかえてもいいですよ。

■ 材料（18×7×高さ5.5cmのパウンド型1台分）
柚子茶（p.83参照）　60g
柚子の搾り汁（またはレモン汁）　小さじ1
柚子の皮（すりおろす）　少々
サワークリーム　60g
グラニュー糖　90g
バター（食塩不使用）　90g
卵　2コ
A｜薄力粉　120g
　｜ベーキングパウダー　小さじ1
アイシング
　｜粉砂糖　30g
　｜柚子の搾り汁（またはレモン汁）
　｜　小さじ1½

●2100kcal（全量）　●塩分1.1g（全量）　●50分*

＊粗熱を取る時間、冷ます時間は除く。

下準備
・バターは常温に戻す。
・卵は常温に戻し、ボウルに割り入れて溶きほぐす。
・型にオーブン用の紙を敷く。
・オーブンは180℃に温める。

■ つくり方

1

ボウルにサワークリーム、グラニュー糖、バターを入れ、ハンドミキサーの低速（または泡立て器）でふんわりなめらかになるまで混ぜる。混ぜながら溶き卵の半量を少しずつ加えてよく混ぜ、なじんだら残りの溶き卵も同様に加えて混ぜる。
あればハンドミキサーで混ぜると、生地がフワッとする。卵は分離しないよう、2回に分けて少しずつ加える。

2

Aを合わせてふるい入れ、粉っぽさがなくなるまでゴムべらでサックリと混ぜる。柚子茶、柚子の搾り汁、柚子の皮を加え、ゴムべらで全体になじむまで混ぜる。

3

型に流し入れ、型ごとトンと台に落として空気を抜き、表面を平らにならす。180℃のオーブンで40分間ほど焼く。竹串を刺し、生地がついてこなければ焼き上がり。粗熱を取り、型から外して冷ます。表面に柚子茶（p.83参照）のシロップ大さじ1（分量外）を塗る。

20分間ほど焼いて、焼き色がつきすぎるようなら途中で温度を170℃に下げる。割れ目をつくりたい場合は、10分間ほど焼いてから表面に1本ナイフで切り目を入れる。

4

アイシングをつくる。粉砂糖に柚子の搾り汁少々を加えて混ぜる。持ち上げたときにひと呼吸おいてトロリと落ちるくらいになるまで、残りの柚子の搾り汁を少しずつ加えて混ぜる。

5

4を3にかけ、好みで柚子茶（p.83参照）の皮少々（分量外）を散らす。

Une Petite Pause
― ちょっとひといき ―

爽やかな柚子の香りは、気持ちまでパッと明るくしてくれる気がします。このウィークエンド風のケーキは私の十八番(おはこ)で、年末年始に人に差し上げることも多いお菓子。ラッピングするときは、アイシングをしっかり乾かしてからにしてくださいね。

洋梨ティー p.93

洋梨のアーモンドブラウニー

洋梨とチョコレートはフランスでは定番の組み合わせ。ジュワッと果汁を感じるブラウニーは、洋梨の季節が楽しみになるおいしさです。アーモンドの香りと食感がアクセントに。

■ 材料（20×16.5×高さ3cmのオーブン対応のバット1台分）
洋梨　（小）1 1/2 コ（200〜300g）
製菓用チョコレート（ビター）　70g
バター（食塩不使用）　100g
卵　2コ
きび糖　70g
A ｜ 薄力粉　100g
　｜ アーモンドパウダー　30g
　｜ ココアパウダー　15g
　｜ ベーキングパウダー　小さじ1/2
アーモンドスライス　適量
あんずジャム*（あれば）　大さじ2

● 2360kcal（全量）　● 塩分0.9g（全量）　● 1時間**

*堅い場合は、ラム酒（または水）小さじ1を加えて電子レンジ（600W）で10秒間ほど温める。
**粗熱を取る時間、冷ます時間は除く。

下準備
・オーブンは190℃に温める。

Une Petite Pause
— ちょっとひといき —

ふわりと甘い香りが漂う芳醇な洋梨は、濃厚なチョコレートや、華やかな香りのアールグレイと相性抜群。ブラウニーには小ぶりな洋梨が並べやすく、おすすめです。大きな洋梨の場合は角切りにしてのせてもいいですよ。

■ つくり方

1. チョコレートとバターは一口大に切ってボウルに入れる。湯煎にかけてゴムべらで混ぜながら溶かし、粗熱を取る。

2. 別のボウルに卵ときび糖を入れて泡立て器でよく混ぜ、**1**に加えて混ぜ合わせる。Aを合わせてふるい入れ、ゴムべらで粉っぽさがなくなるまでサックリと混ぜる（写真**a**）。

3. オーブン用の紙を敷いたバットに流し入れ、表面を平らにならす。

4. 洋梨1コは縦半分に切る。すべての洋梨の皮と芯を除き、横に薄切りにしてパレットナイフにのせ、少し倒しながら**3**にのせる（写真**b**）。周りにアーモンドスライスを散らす。

5. 190℃のオーブンで25〜30分間焼く。温かいうちに洋梨にあんずジャムを塗り、バットごと冷ます（写真**c**）。

ホットアップル
サイダー
p.93

りんごと
アーモンドのタルト

薄切りのりんごがジューシーに焼けて、見た目も華やか。
ここではオーブン対応のフライパンを使いましたが、
タルト型やグラタン皿でも上手につくれます。

■ 材料（直径約24cmのオーブン対応のフライパン1コ分）
  りんご（あれば紅玉）　1コ
  アーモンドクリーム
　　｜バター（食塩不使用）・粉砂糖*・溶き卵・
　　｜　アーモンドパウダー　各50g
　　｜薄力粉　大さじ1
  クッキー**（市販）　適量
  グラニュー糖　小さじ2
  あんずジャム　40g
  ラム酒　小さじ1

　●1390kcal（全量）　●塩分0.6g（全量）　●35分

*粉砂糖を使うと軽い仕上がりに。グラニュー糖でもよい。
**バターサブレがおすすめ。クッキーはなくてもよいが、
その場合はフライパンにオーブン用の紙を敷く。

下準備
・溶き卵は常温に戻す。バターは常温におくか、電子レンジ
（600W）に20秒間ずつかけて柔らかいクリーム状にする。
・オーブンは180℃に温める。

■ つくり方

1. アーモンドクリームをつくる。ボウルにバターを入れ、粉砂
糖を加えてゴムべらでよく混ぜる（写真**a**）。溶き卵を加え、
アーモンドパウダー、薄力粉をふるい入れてよく混ぜる。

2. フライパンにバター（食塩不使用／分量外）を厚めに塗り、
薄力粉（分量外）を薄くはたく。底にクッキーを並べ、**1**の
アーモンドクリームをのせ（写真**b**）、均一にならす。

3. りんごはよく洗って芯を除き、皮ごと薄いくし形に切る。**2**
の上に放射状に並べ、グラニュー糖をりんごにふる（写真
c）。180℃のオーブンで20～25分間焼く。

4. あんずジャムにラム酒を加えて混ぜ、なめらかになるまで
電子レンジ（600W）に10秒間ずつかけて混ぜる。温かい
うちに**3**の表面に塗る。

レモンのスノーボールクッキー

サクッ&ホロッと軽やかな生地にレモンピールをそっと忍ばせて、甘酸っぱくほろ苦いアクセントに。

レモンピール
p.92

ジンジャーレモネード
p.92

■ 材料（約18コ分）
　バター（食塩不使用）　50g
　粉砂糖　30g
　薄力粉　65g
　アーモンドパウダー　15g
　レモンピール（p.92参照／粗く刻む）
　　約18かけ（20g）
　A｜粉砂糖（仕上げ用）　40g
　　｜レモンの皮（すりおろす）　1/4コ分

● 60kcal（1コ分）　● 塩分0g（1コ分）　● 30分*
*クッキーをおく時間、冷ます時間は除く。

下準備
・薄力粉はオーブン用の紙を敷いた天板に広げ、130℃のオーブンの下段に入れて1時間ほど焼き、取り出して冷ます。
▶低温でじっくりと焼くことで、仕上がりがホロホロになる。
・バターは常温に戻して柔らかくする。
・天板にオーブン用の紙を敷く。
・オーブンは160℃に温める。

■ つくり方

1

ボウルにバター、粉砂糖を入れ、ゴムべらでしっかりとすり混ぜる。薄力粉とアーモンドパウダーを合わせてふるい入れる。底から上下を返すようにサックリと混ぜ、さらに切るように混ぜながら、生地をまとめる。ここでは生地は多少パラパラでもOK。

3

直径2cmほどに丸め、天板に並べる。残りの生地も同様にする。オーブンの下段に入れ、表面がしっかりと乾燥するまで160℃で10～12分間焼く。取り出して5分間ほどおく（熱いと4の砂糖衣が厚くなり、冷めると砂糖がつきにくくなる）。

2

生地を少量手にとり、中にレモンピール1かけを入れて手でギュッと握る。

4

ボウルにAを入れて軽く混ぜ、3を4～6コ、少し温かいうちにそっと加える。クッキーがくずれないように気をつけながら、スプーンなどで手早くまぶす。網などに取り出し、完全に冷ます。残りも同様にする。

レモンピール

レモンの華やかな香りを閉じ込めて。
皮の食感とほろ苦さを残した、大人のおやつ。

■ 材料（つくりやすい分量）
レモン　2コ（200g）
グラニュー糖　約100g（レモンの皮の重量と同量）
レモン汁　大さじ2

● 450kcal（全量）　● 塩分0g（全量）　● 20分*

*冷凍する時間、乾かす時間は除く。

■ つくり方

1. レモンはたわしでよく洗って皮の表面に傷をつける。四つ割りにして果肉を取り、皮は縦に7mm幅に切る。果肉を搾り、分量のレモン汁を取り分けておく。鍋にレモンの皮、ヒタヒタの水を入れて中火にかけ、沸騰したら2〜3分間ゆで、ざるに上げて湯をきる。これをさらに2回繰り返し、軽く水けを拭いて冷凍用保存袋に入れ、2時間以上冷凍する。

2. 鍋に1のレモンの皮、ヒタヒタの水、グラニュー糖半量、レモン汁を入れて中火にかける。ほぼ水分がなくなり皮に透明感が出るまで煮る。

3. オーブン用の紙の上に2を並べる。半分ほど乾いたら残りのグラニュー糖をまぶし、一晩（8時間ほど）乾かす。
▶ クッキー（p.91参照）などの焼き菓子に入れる場合は、堅くなるので残りのグラニュー糖はまぶさない。

保存：清潔な保存瓶に入れて、冷蔵庫で約2か月間。

ジンジャーレモネード

肌寒い日には、ホットレモネードでひといき。
しょうがの風味でポカポカに！
暑い時季には炭酸水で割っても。

■ 材料（1人分）
A｜レモン汁　大さじ1
　｜はちみつ　小さじ2
　｜しょうが汁　小さじ1/4〜1/3
レモン（薄い輪切り）　適宜

● 50kcal　● 塩分0g　● 3分

■ つくり方

カップにAを入れてよく混ぜ、熱湯120mlを注いでよく混ぜる。好みでレモンを加える。

洋梨ティー

コンポート風に白ワインで煮た洋梨を
華やかな香りのアールグレイと合わせて。

■ 材料（2～3人分）
　洋梨　1/2コ（100g）
　A｜水　カップ1/2
　　｜白ワイン　カップ1/4
　　｜グラニュー糖　大さじ2
　紅茶の茶葉（アールグレイ／ティーバッグ）　1コ

　●50kcal　●塩分0g　●15分

■ つくり方
1. 洋梨は皮をむいて芯を除き、1.5cm角に切る。
2. 鍋にAを入れて中火にかけ、沸騰したら1を加えて落としぶたをする。火を弱め、洋梨が半透明になるまで5分間ほど煮て火を止める。
3. 紅茶の茶葉に熱湯カップ1を注いで2～3分間おき、茶葉を除いて2に加え、混ぜる。

Une Petite Pause
── ちょっとひといき ──

アメリカで親しまれている冬の定番ドリンクが、りんごジュースをスパイスと一緒に煮たホットアップルサイダー。クリスマスマーケットなどでもよく見かけます。ツンと寒い冬の空気の中で飲む温かくて甘いアップルサイダーは、じんわりと体にしみ渡ります。

ホットアップルサイダー

甘酸っぱいりんごジュースに
豊かなスパイスの香りが溶け込んだ、
ホリデーシーズンに欠かせないドリンク。

■ 材料（2人分）
　りんごジュース（果汁100%）　カップ2
　りんご（皮ごと薄いくし形に切る）　4～6枚
　オレンジの皮（薄くそぐ）*　1/8コ分
　シナモンスティック　1/2本
　シナモンパウダー　小さじ1/3
　しょうが（薄切り）　2枚
　スターアニス（八角）　1コ
　クローブ　2粒
　はちみつ　適宜

　●100kcal　●塩分0g　●15分

＊レモンやみかんの皮でもよい。

■ つくり方
　鍋にはちみつ以外の材料を入れ、弱めの中火でりんごが半透明になるまで煮る。好みで、はちみつを加えて混ぜ、シナモンスティック（分量外）を添える。

モワルーショコラ

「モワルー」はフランス語で「柔らかい」という意味。
口の中でほどけるような食感が魅力的なチョコレートケーキです。
材料を混ぜ合わせて焼くだけで、おしゃれなデザートが気軽につくれます。

甘いチョコレートに合うのは、やっぱりほろ苦いコーヒー。
寒い時季には少量のラム酒やウイスキーをたらしたり、
シナモンスティックで香りをつけても。

■ 材料（容量300mlの耐熱の器1コ分）
　製菓用チョコレート（ビター）*　100g
　バター（食塩不使用）　50g
　卵　2コ
　グラニュー糖　40g
　ココアパウダー（無糖）　適量

　● 1220kcal（全量）　● 塩分0.4g（全量）　● 25分**

＊カカオ分60％以上のものがおすすめ。
＊＊冷ます時間は除く。

下準備
・卵は卵黄と卵白に分ける。
・オーブンは200℃に温める。

■ つくり方

1
チョコレートとバターは一口大に切ってボウルに入れ、湯煎にかけて溶かす。湯煎から外し、人肌くらいの温度まで冷ましてから、卵黄を加えて混ぜる。

2
別のボウルに卵白を入れ、ハンドミキサーで泡立てる。白っぽく泡立ってきたら少しずつグラニュー糖を加え、ピンとツノが立つまで泡立てる。

3
1に2の1/3量を加え、泡立て器でしっかりと混ぜる。

4
残りの2を加え、ゴムべらでサックリと白い部分がなくなるまで混ぜ合わせる。

5
耐熱の器に入れて表面をならし、200℃のオーブンで10〜12分間焼く。仕上げにココアパウダーをふる。

アツアツをスプーンですくって食べるのが至福のひととき。ふんわり軽い食べ心地とビターな味わい。

若山曜子 わかやま・ようこ

菓子・料理研究家。東京外国語大学フランス語学科卒業後、パリの製菓学校に留学。ル・コルドン・ブルーパリ、エコール・フェランディを経て、フランス国家調理師資格（C.A.P）を取得。パリのパティスリーやレストランで研さんを積み、帰国後は雑誌や書籍のほかカフェや企業のレシピ開発、菓子・料理教室の主宰など幅広く活躍中。つくりやすく、見た目も美しいレシピが人気。著書多数。
Instagram　@yoochanpetite
ホームページ　https://tavechao.com/

デザイン　高田明日美
　　　　　（Permanent Yellow Orange）
撮影　加藤新作
スタイリング　城 素穂
調理アシスタント　栗田早苗・管田香澄・竹岸かおり
　　　　　　　　中嶋 彩・疋田崇佳世・細井美波
校正　円水社
栄養計算　ヘルスプランニング・ムナカタ
編集協力　小林美保子・日根野晶子
編集　深澤真穂・山田葉子（NHK出版）

［スタイリング協力］
UTUWA
nomble non

※この本は「NHKきょうの料理」テキストで2022年4月号から2025年3月号まで連載した「ちょっとひといき 季節ののみもの」「ちょっとひといき 季節のおやつとのみもの」に新しいレシピを加え、再編集したものです。

ちょっとひといき
日々を愉しむおやつと飲みもの

発行日　2025年2月15日　第1刷発行

著者　若山曜子　ⓒ2025 Wakayama Yoko
発行者　江口貴之
発行所　NHK出版
　　　　〒150-0042　東京都渋谷区宇田川町10-3
　　　　電話　0570-009-321（問い合わせ）
　　　　　　　0570-000-321（注文）
　　　　ホームページ　https://www.nhk-book.co.jp
印刷・製本　大日本印刷

乱丁・落丁本はお取り替えします。定価はカバーに表示してあります。
本書の無断複写（コピー、スキャン、デジタル化など）は、著作権法上の例外を除き、著作権侵害となります。
Printed in Japan　ISBN978-4-14-033334-1　C2077